空间重构助力城乡共生

嘉兴市城乡融合发展的蝶变之路

嘉兴市自然资源和规划局
嘉兴市国土空间规划研究有限公司　◎编著

华中科技大学出版社
http://press.hust.edu.cn
中国·武汉

图书在版编目(CIP)数据

空间重构助力城乡共生：嘉兴市城乡融合发展的蝶变之路 / 嘉兴市自然资源和规划局，嘉兴市国土空间规划研究有限公司编著. -- 武汉：华中科技大学出版社，2025. 5. -- ISBN 978-7-5772-1869-4

Ⅰ. F299.275.53

中国国家版本馆 CIP 数据核字第 2025WN7394 号

空间重构助力城乡共生：　　　　嘉兴市自然资源和规划局
嘉兴市城乡融合发展的蝶变之路　嘉兴市国土空间规划研究有限公司　编著

Kongjian Chonggou Zhuli Chengxiang Gongsheng：
Jiaxing Shi Chengxiang Ronghe Fazhan de Diebian zhi Lu

策划编辑：易彩萍

责任编辑：易彩萍

封面设计：张　靖

责任监印：朱　玢

出版发行：华中科技大学出版社(中国·武汉)　　　电话：(027)81321913
　　　　　武汉市东湖新技术开发区华工科技园　　邮编：430223

录　　排：华中科技大学惠友文印中心

印　　刷：武汉科源印刷设计有限公司

开　　本：710mm×1000mm　1/16

印　　张：12.75

字　　数：201千字

版　　次：2025 年 5 月第 1 版第 1 次印刷

定　　价：98.00 元

编 委 会

牵头单位

嘉兴市自然资源和规划局

嘉兴市国土空间规划研究有限公司

参编单位

嘉兴市自然资源和规划局南湖分局

嘉兴市自然资源和规划局秀洲分局

嘉兴市自然资源和规划局经济技术开发区分局

嘉善县自然资源和规划局

平湖市自然资源和规划局

海盐县自然资源和规划局

海宁市自然资源和规划局

桐乡市自然资源和规划局

嘉兴港区自然资源和规划建设局

指导小组

胡泓恬	林　海	洪　波	沈　菁	王建龙	管蓓蓓
张洁莹	陈　恳	陈卫琴	盛维忠	张国平	周贤宾
朱敏杰	尤建锋	吴国良	方　华	徐　楷	林沁园
刘　茂	张　婷	沈佳丽	李晨悦	管晨熹	李佳俊

执笔小组

甄延临	黄佳海	王迎英	侯 松	李 安	赵 璇
王林忠	晏 伟	曹秀婷	徐天真	苏 亮	瞿嗣澄
莫赵俊	潘 龙	史琴燕	周志浩	葛 欢	骆初嘉
邹 瑄	李嘉奇	柏 云	李继涛	毛华佳	周晓然
王 操	白洪罗	仲玲华	徐继华	朱龙孝	徐曼书
谢霖丽	戴明明	白普棋	曹善浩	马宇超	甄福雷
周 延	常 娜	孟雅慧	钟 熠	李 静	沈屹婷
戚朝阳	刘高玲	陈丽霞	郭志鹏	沈小松	陆一博
杨 珺	叶进灼	欧阳伦丰	陆德峰	房智超	
徐 婷	徐旗阳	王诗逸	李昕默	王耀鹏	

目　录

1 导论 ┄┄┄┄┄┄┄┄┄┄┄┄┄┄┄┄┄┄┄┄┄┄┄┄┄┄┄┄┄┄ 1

  1.1 城乡融合的研究缘起与时代价值 ┄┄┄┄┄┄┄┄┄┄┄ 1

  1.2 城乡融合的理论脉络与国际经验 ┄┄┄┄┄┄┄┄┄┄┄ 4

  1.3 嘉兴城乡融合的历史沿革与现实挑战 ┄┄┄┄┄┄┄┄ 15

2 嘉兴市城乡融合发展的主要成就与亮点 ┄┄┄┄┄┄┄ 27

  2.1 嘉兴市城乡融合的顶层设计与战略目标 ┄┄┄┄┄┄ 27

  2.2 嘉兴市城乡规划与空间布局重构 ┄┄┄┄┄┄┄┄┄┄ 35

  2.3 嘉兴市城乡产业的深度融合与协同发展 ┄┄┄┄┄┄ 54

  2.4 城乡基础设施与公共服务的均等化进程 ┄┄┄┄┄┄ 64

3 嘉兴市城乡融合发展的关键举措与制度创新 ┄┄┄┄ 79

  3.1 土地使用制度的深刻变革 ┄┄┄┄┄┄┄┄┄┄┄┄┄┄ 79

  3.2 就业与社会保障体系的健全与完善 ┄┄┄┄┄┄┄┄ 93

  3.3 户籍制度与人口流动管理的革新 ┄┄┄┄┄┄┄┄┄ 111

4 嘉兴市城乡融合发展的创新实践与前沿探索 ┄┄┄ 121

  4.1 嘉兴市新时期城乡融合发展的实践和探索 ┄┄┄┄ 121

  4.2 国家城乡融合发展试验区的建设实践 ┄┄┄┄┄┄┄ 128

  4.3 新型城镇化与乡村振兴的双向互动 ┄┄┄┄┄┄┄┄ 139

  4.4 生态环境保护与可持续发展的嘉兴智慧 ┄┄┄┄┄ 159

5 结语 ┄┄┄┄┄┄┄┄┄┄┄┄┄┄┄┄┄┄┄┄┄┄┄┄┄┄┄┄┄ 175

  5.1 嘉兴市城乡融合发展探索的价值意义 ┄┄┄┄┄┄┄ 175

  5.2 嘉兴市城乡融合探索的政策启示 ┄┄┄┄┄┄┄┄┄ 187

1 导论

1.1 城乡融合的研究缘起与时代价值

1.1.1 城乡统筹阶段

城乡关系是城乡之间相互作用、相互影响、相互制约的互动与联系，随特定社会经济制度变革而不断嬗变。改革开放以来，我国城乡二元结构的城市偏向的发展战略、市民偏向的分配制度促进了工业化、城镇化快速发展，也滋生了农村空心化、农业边缘化、农民老龄化等"新三农"问题。当前，我国正处于高质量发展的关键时期，城乡发展不平衡与农村发展不充分，是最为突出的结构性社会矛盾。

城乡统筹发展是以打破城乡分割的"二元结构"为目的，以城市和乡村地区社会、经济、文化等协调、统筹一体发展为策略，以促进健康城镇化发展为导向，全面协调城乡发展。改革开放以来，城市工业化、乡村工业化的快速发展，导致城乡差别越来越大，各种矛盾日益突出，给社会经济发展带来消极的影响。多年来，农民增收难、农业增效慢、农村社会发展落后等问题始终存在，"三农"问题成为影响社会经济快速发展和全面建设小康社会的最大制约因素。解决"三农"问题，消除旧体制的不良影响，就必须统筹城乡社会经济发展，打破传统的城乡分割的"二元结构"。这要求把农村经济和社会发展纳入整个国民经济和社会发展中通盘考虑，一体化发展，统筹城乡物质文明、政治文明、精神文明和生态文明建设，统筹解决城市和乡村发展中的社会经济问题，打破城乡界限，优化资源配置，实现共同繁荣。统筹城乡发展，实质上是改变重城市、轻农村及"城乡分治"的传统观念和体制,给予城乡平等的发展机会,通过城乡规划布局、政策调整、国民收入分配等手段,消除城乡之间的体制障碍,促进城乡之间人口、产品、信息、资金、技术等各种资源要素的合理流动和优化配置,不断增强城市对农村的带动和促进作用,缩小城乡差距、地区差距和工农差距,实现城乡融合一体化发展。

城乡关系是国民经济和社会发展系统中最重要的一对关系。当前中国城乡之间在经济发展和居民收入及消费水平上还存在着明显的差距。为了破解农业弱质、农村落后、农民弱势问题,实现城乡经济社会协调发展,近年来,党中央作出了一系列重大决策。

党的十六大报告首次提出要统筹城乡经济社会发展。十六届三中全会进一步提出"五个统筹"的要求,把统筹城乡发展摆到"五统"之首。2004年中央一号文件提出"多予、少取、放活"的方针,深化农村改革,增加农业投入,尽快扭转城乡居民收入差距不断扩大的趋势。十六届四中全会提出发挥城市对农村的辐射和带动作用,发挥工业对农业的支持和反哺作用,走城乡互动、工农互促的协调发展道路。十六届五中全会提出大力实施统筹城乡发展方略,全面推进社会主义新农村建设的战略任务,强调要推进现代农业建设,全面深化农村改革,大力发展农村公共事业,千方百计增加农民收入。党的十七大则强调要加强农业基础地位,走中国特色农业现代化道路,建立以工促农、以城带乡长效机制,形成城乡经济社会发展一体化新格局。党的十七届三中全会指出,必须统筹城乡经济社会发展,始终把着力构建新型工农、城乡关系作为加快推进现代化的重大战略。会议还提出了一个宏伟蓝图,那就是到2020年,基本建立城乡经济社会发展一体化体制机制。2018年中央一号文件明确提出,形成"工农互促、城乡互补、全面融合、共同繁荣的新型工农城乡关系";党的十九大又提出实施乡村振兴战略,走城乡融合发展之路。

1.1.2　新时代城乡融合

2019年4月,《中共中央　国务院关于建立健全城乡融合发展体制机制和政策体系的意见》为新时代我国城乡关系优化提供了新的发展路径指引。可见,构建城乡融合的发展局面,正逐渐成为我国高质量发展的重要内涵与关键所在。在党的二十届三中全会上,党中央将"完善城乡融合发展体制机制"确立为全面深化改革的核心任务之一,并明确指出城乡融合发展是中国式现代化的必然要求。为实现这一宏伟目标,必须坚定不移地沿着以下路径前进:坚决破除阻碍要素自由流动的障碍,重点针对"人、地、钱"三大关键要素,深化户籍制度改革,促进城乡人口的双向流动;构建城乡统一的建设用地市场,确保农村土地与城市土地享有同等权益,同时确保农村土地增值收益更多地服务于农村的发展。

2025年1月1日,浙江省委、省人民政府正式印发《关于以"千万工程"牵引城乡融合发展缩小"三大差距"推进共同富裕先行示范的实施方案》,作为2025年的省委一号文件,其以深化新时代"千万工程"为核心引领,将缩小城乡差距、地区差距、收入差距("三大差距")作为主攻方向,全力推进共同富裕先行示范,为全省发展精心绘制了详尽的"作战图"。推进城乡融合发展体制机制改革,打破城乡二元体制机制障碍,构建产业升级、人口集聚、城镇发展良性互动机制,促进城乡要素平等交换、双向流动作为三方面重大改革深化之一,充分说明了城乡融合发展在全方位、深层次推进缩小"三大差距"工作中的重要性。

为深入贯彻党中央、国务院关于城乡融合发展的决策部署,2025年2月,嘉兴市委、嘉兴市人民政府发布《关于争创新时代高水平城乡融合发展典范的行动方案》,明确以"六大改革"为牵引,争创"六大融合典范",分阶段实现城乡全面融合与共同富裕。行动方案围绕明确的目标体系和六大改革领域展开。在目标体系方面,2025年要实现城乡融合取得实质性进展,常住人口城镇化率达到74%;2029年要完善体制机制,成为全国城乡融合发展的典范;2035年要实现城乡全面融合,率先达到共同富裕。六大改革领域涵盖:①规划融合,优化市域空间布局,增强中心城区辐射力;②产业融合,构建"大产业＋大农业＋大就业"协同体系;③要素融合,畅通"人、地、钱"双向流动;④公共服务融合,推进基础设施与民生服务城乡均等化;⑤生态融合,深化环境治理与美丽镇村建设;⑥治理融合,创新基层治理模式,培育文明乡风。

城乡融合发展有利于推动科学发展,促进社会和谐,推动经济社会又好又快发展。然而,各种历史和现实形成的制度和政策壁垒阻碍了要素的市场化流动与资源的有效配置,还使城乡之间的要素形成非市场化配置,市场价格难以反映要素的稀缺性,造成要素收益分配不合理,影响了城乡一体化进程。因此,有针对性地对涉及城乡的各种制度进行分析,找出制度的突破口变得尤为重要。可以说,城乡分割体制和城乡二元结构,是我国下一阶段改革所面临的一个最主要的体制性障碍问题。消除这一障碍,统筹解决中国目前经济社会发展中巨大的城乡差距等问题,走城乡一体化发展之路,将成为我国下一步改革的重要内容。

1.2　城乡融合的理论脉络与国际经验

1.2.1　理论脉络

根据城市和乡村地区在经济、社会发展中的相互关系和影响,将城乡关系划分为不同的发展阶段(表1-1)。城乡关系发展阶段是大多数国家和地区都要经历的发展过程,由于国家发展体制不同,城乡关系发展阶段的先后顺序和时间不同;同样,不同地区由于经济基础和城镇化模式的不同,城乡关系发展阶段也表现出不同的特征,但总的规律基本是一致的。改革开放以来,我国的城镇化和工业化浪潮深刻改变了产业结构、土地利用及居民生活等方面。在此语境下,城乡关系总体呈现出乡村不断追赶城市的线性脉络特征。

1. 城乡简单交换阶段

这一阶段显著的特点是城镇化水平低,城镇在原始村落的基础上发展而来,规模很小。以发展小农经济、手工业、简单商品经济等为主,基础较好的人口聚落开始形成集镇,城乡基本处于原始的均衡状态。乡村和原始的集镇之间按照各取所需原则进行商品交换;要素流动性不强,城乡之间是一种简单的"物物交换"关系。

2. 工业化发展阶段

为了满足城乡地区人口对物质的需求,国家开始了工业化的发展,根据工业化的地域不同,可以分为城市工业化和乡村工业化。

表 1-1　城乡关系发展阶段

城乡关系 发展阶段		主要特征	内在机制	表现形式	核心问题
城乡简单 交换阶段		以发展小农经济、手工业、简单商品经济等为主,基础较好的人口聚落开始形成集镇,城乡基本处于原始的均衡状态	乡村和原始的集镇之间按照各取所需原则进行商品交换;要素流动性不强,城乡之间是一种简单的"物物交换"关系	原始的聚落、落后的村庄	城乡发展动力不足,增长缓慢
工业化发展阶段	城市工业化	城市大规模工业化的发展,带动了城市经济的快速增长,工业化的大规模发展,吸引乡村人口向城市集中,满足城市工业对劳动力的需求;工业化的快速发展带动了城市化发展,城市建设同样也吸引了大量的农村劳动力	城镇地区资本、人口积聚到一定程度,开始城市工业化,城市工业化的过程也促进了城市化进一步发展,城市人口和规模扩大,吸引乡村要素向城市流动,城乡差别、差距日益明显,"二元结构"特征明显	乡村人口、资本、农产品等向城镇流动,如我国的工农业剪刀差问题	乡村要素流出,城乡差距明显,乡村基础设施、文化设施、服务设施建设缺乏

城乡关系发展阶段		主要特征	内在机制	表现形式	核心问题
工业化发展阶段	乡村工业化	乡村工业的发展,改善了乡村经济条件,并改善了乡村的基础条件,部分乡村人口开始向集镇和城市转移	农村地区优越的资源条件和廉价劳动力,带来了农村工业的发展,也为城镇建设发展完成了原始的资本积累,促进了城镇的形成和发展	乡村土地与资本集中	资源密集型和劳动密集型工业的发展给乡村生态环境带来一定的问题,当时的村庄规划旨在发展农村工业,通过农村工业吸纳农村劳动力,形成了"离土不离乡"的状态
城市化带动新村建设阶段		国家开始重视乡村地区的发展,通过乡村地区道路、通信等基础设施的建设来推动乡村地区发展,大量基础设施的投入在一定程度上改变了乡村地区的发展条件	通过行政干预手段,将部分财政、税收用于乡村地区基础设施的改善,从物质形态上改变城乡差距扩大的趋势	乡村基础设施建设、生活条件改善	乡村基础设施一定程度上有所改善,但乡村仍然存在一定的经济社会问题。这一阶段的村庄规划旨在改善乡村基础设施水平,缩小城乡经济水平差距,但遭遇了种种尴尬与问题

城乡关系发展阶段	主要特征	内在机制	表现形式	核心问题
城乡融合发展阶段	将城市和乡村作为一个整体进行考虑。促进城市与乡村地区的空间布局、土地利用、产业发展、基础设施和公共服务设施建设等融合发展	城市功能的一部分向周围乡村转移,城市生产方式、生活方式、行政管理等向乡村扩散	美国的郊区化过程、霍华德的田园城市理念、我国珠三角地区的"以城带乡"发展策略等	"城市型"的生产、生活方式向乡村地区低密度扩散,带来增长效率、质量和文化的问题。这一阶段的村庄规划主要改变原有就村庄论村庄的模式,要以城带乡
城乡一体化发展阶段	融合城乡发展,将城市和乡村作为一个整体进行考虑。实现就业、社会福利、基本建设等一体化发展和城乡发展成果共享	从物质和精神两个方面统筹城乡,通过高度城市化和农业现代化,达到城乡高层次的均衡与和谐发展	日本、新加坡等国家的城乡融合发展	公平与效率、和谐与有序、融合与繁荣

（1）城市工业化。

城市大规模工业化的发展,带动了城市经济的快速增长,工业化的大规模发展,吸引乡村人口向城市集中,满足城市工业对劳动力的需求;工业化的快速发展带动了城市化发展,城市建设同样也吸引了大量的农村劳动力。城镇地区资本、人口积聚到一定程度,开始城市工业化,城市工业化的过程也促进了城市化进一步发展,城市人口和规模扩大,吸引乡村要素向城市流动,城乡差别、差距日益明显,"二元结构"特征明显,表现为乡村人口、资本、农产品等向城镇流动，加快了城镇经济的快速发展，加剧了乡村的相对贫困。在城市工业化阶段，乡村发展的核心问题是乡村要素流出，城乡差距明显，乡村基础设施、文化设施、服务设施建设缺乏。

（2）乡村工业化。

由于级差地租的影响，利用廉价的土地资源，以及劳动力、原材料、能源等促进乡村工业发展的方式对改善乡村的经济条件、基础条件，有着积极的作用。农村地区优越的资源条件和廉价劳动力，带来了农村工业的发展，也为城镇建设发展完成了原始的资本积累，促进了城镇的形成和发展。在农村工业化发展阶段，乡村发展的核心问题是资源密集型和劳动密集型工业的发展给乡村生态环境带来一定的问题，当时的村庄规划旨在发展农村工业，通过农村工业吸纳农村劳动力，形成了"离土不离乡"的状态。

3. 城市化带动新村建设阶段

城市化带动新村建设阶段主要是为了解决城乡"二元结构"发展的矛盾，缩小城乡发展差距，进行新村建设。国家开始重视乡村地区的发展，通过乡村地区道路、通信等基础设施建设来推动乡村地区发展，大量基础设施的投入在一定程度上改变了乡村地区的发展条件，但很难从根本上改变城乡差距扩大化的趋势。通过行政干预手段，将部分财政、税收用于乡村地区基础设施的改善，从物质形态上改变城乡差距扩大的趋势，改善乡村居民生活条件。通过乡村基础设施建设，乡村基础设施一定程度上有所改善，但乡村仍然存在一定的经济社会问题。这一阶段的村庄规划旨在改善乡村基础设施水平，缩小城乡经济水平差距，但遭遇了种种尴尬与问题。

4. 城乡融合发展阶段

城乡融合发展是将城市和乡村作为一个整体进行考虑。促进城市与乡村地区的空间布局、土地利用、产业发展、基础设施和公共服务设施建设等融合发展。城市部分功能向乡村地区渗透，包括居住、产业、基础设施等要素向乡村地区扩散，同时城市的福利、社会保障制度等也开始向周围的城乡接合部渗透。城市功能的一部分向周围乡村转移，城市生产方式、生活方式、行政管理等向乡村扩散。美国的郊区化过程、霍华德的田园城市理念、我国珠三角地区的"以城带乡"发展策略等都是城市功能渗透的主要表现形式。这种模式下存在的问题包括"城市型"的生产、生活方式向乡村地区低密度扩散，带来增长效率、质量和文化的问题，这一阶段的村庄规划主要改变原有就村庄论村庄的模式，形成以城带乡的长效机制。

5. 城乡一体化发展阶段

城乡一体化发展是城乡关系演变的最高阶段和最终目标，城市和乡村作为相互依存、相互促进的统一整体，通过要素的自由流动和人为协调，达到了经济一体化和空间融合的系统最优状态。从物质和精神两个方面统筹城乡一体化发展，通过高度城市化和农业现代化，达到城乡高层次的均衡与和谐发展。例如，日本、新加坡等国家的城乡融合发展在改善城乡关系方面取得了显著的效果，城市与乡村的经济、社会、环境、文化等均实现了一体化的发展。

1.2.2 国际经验

第一次世界大战之前，西方各国经济发展经历了工业革命以来的长期城乡对立阶段，导致了城乡之间、老工业区和新工业区之间的不平衡加剧，使得经济发展缓慢，社会不稳定因素增加。在这种历史背景下，一些发达国家依靠政府、企业和私人部门多方共同努力，通过国土综合整治、城市与区域发展规划、完善的法规建设等一系列措施，缩小了地区差异，促进了城乡统筹发展（表1-2）。

表 1-2 国际典型城乡统筹模式对比

国家（地区）	模式特点	主要举措	取得成效
日本	国家综合开发规划与法规保障双管齐下	①综合开发规划：多轮规划强调疏解城市、开发农村、建设城镇、促进城乡交流。②完善法规：出台多类法规保障城乡结合，财政支持社保	缓解农村发展问题，缩小城乡差距，促进协调发展

国家 (地区)	模式特点	主要举措	取得成效
美国	先城市化后城郊化的自由发展模式	①成立协会:保障规划协调。 ②政策引导:发展交通、税收优惠。 ③农业现代化:创造就业岗位,吸纳人口	产生"边缘城市",实现城乡融合与一体化
英国 (伦敦)	基于田园城市理论建新城	①建绿带:限制城市膨胀。 ②建新城:疏散中心城人口。 ③设"反磁力中心":均衡分布人口和生产力	形成田园城镇体系,促进城乡融合与一体化
法国 (巴黎)	建新城并辅以法规及经济措施	①建新城:与周边融合,带动农村城市化。 ②法规措施:引导产业人口向郊区扩展,保障土地开发及政策实施	解决城乡矛盾,促进一体化,刺激小城镇发展
德国	科学规划与"城乡等值化"理念并行	①规划体系:多层法律保障规划。 ②等值理念。 a. 均衡布局:实现城乡一体化。 b. 规模合作:促进农业发展。 c. 产业调整:增强村镇经济	实现城乡生活均衡发展,减少城乡差异,实现一体化

1. 日本的城乡统筹模式

第二次世界大战后,日本工业高速发展,人口集聚在几个大城市圈中,过疏过密问题、城乡不平衡问题日益严重。日本城乡统筹发展主要是通过国家的综合开发规划和完善的法规保障两大措施来实现的。

(1) 将城乡一体化纳入国家的综合开发规划中。

为了解决城乡不平衡问题,日本政府在制定的"第二次全国国土综合开发规划"中提出,要持久地保护自然,有计划地疏解城市人口,加快开发落后地区,特别是注重农村经济的开发。1977 年日本制定的"第三次全国国土综合开发计划"提出福利优先的新战略,注重农村经济的深度开发,着力建设小城镇,逐步提高中小城镇的生活水平,以缩小城乡差别,促进城乡融合。1987 年的"第四次全国国土综合开发规划"提出建设一体化的生活地区,把各种城市机能与乡村的恬静和富裕有机协调起来的目标,鼓励加大交通、信息、通信基础设施建设,开展城乡交流活动,改善生产、生活环境,建立相辅相成的城乡机制,把城乡空间融合提高到一个新的水平。

(2)通过完善法律法规保证城乡协调发展。

为更好地促进城乡接合,彻底改变农村地区的落后面貌,日本先后出台了一系列国土利用、扶持山区发展、确保农村劳动力就业的法律法规。如《国土综合开发法》《山区振兴法》《向农村地区引入工业促进法》《市民农园整备法》等。这些法律法规的出台有效缓解了农村地区人口过疏、产业衰退、基础设施滞后等问题。在社会保障上,日本也制定了很多法律法规,包括《生活保护法》《失业保险法》《职业安定法》《国民健康保险法》《国民养老金法》等。20 世纪 60 年代,日本就已经实现了全民皆享受医疗保险,全民皆老有所养的保障目标,同时进一步完善了社会福利救济体系。日本于 1982 年颁布了《老年人保健法》,1991 年实行了全体国民负担老人医疗费的制度。日本的社会救济和社会福利资金全部由财政承担,医疗保险和各种收入保障方面约三分之一的费用也由财政直接负担,具体表现形式为中央财政补贴。这些保障措施缩小了城乡差距,促进了城乡协调发展。

2. 美国的自由发展方式

美国资源丰富,有较完善的市场经济体制,城市经济实力强,农业专业化生产水平高,城乡交流渠道通畅,城乡融合具备坚实的经济基础。美国城乡一体化过程的特点之一就是先实行城市化,然后再由城市化向城郊化过渡。第二次世界大战之后,随着现代化发展及美国鼓励郊区化的政策,城市郊区化进程加快,由城市居住功能郊区化发展到城市商业功能和产业功能郊区化,最终导致"边缘城市"的产生。其主要特点是内部建筑密度较低,产业结构以第三产业为主,人口多样化和隔离化,有完善的交通设施及良好的生活环境。边缘城市结合了城市和乡村的优点,衔接起了城市与乡村经济,提高了人们的生活质量,是一种城乡交融的一体化状态。

基本机制:首先,成立区域规划协会,负责跨越行政区的大都市区的规划,保证经济发展和土地利用协调一致;其次,通过政府的政策引导,大规模发展公路建设,完善一体化交通基础设施,为企业和居民提供便利,郊区采取优惠的税收政策,吸引大量的企业入驻;再次,大力推进农业现代化的发展,创造大量的就业机会,吸纳了大批乡村人口,美国的芝加哥、费城、华盛顿、洛杉矶等大都市区都呈现类似的发展过程;最后,美国的大都市地区,通过市场机制的作用和城乡的自由发展,完成了城乡融合,达到了城乡一体化状态。

3. 西欧的"新城"模式

西欧是工业革命的发源地,城乡问题首先在这里出现。为了解决城乡社会经济发展过程中的矛盾和冲突,英国、法国等西欧国家开始寻求城乡协调发展的一体化战略。伦敦和巴黎等大都市区城乡一体化的成功,堪称世界典范。

(1)英国伦敦城乡统筹发展。

第二次世界大战结束后,伦敦地区的重建面临着如下问题:①战争导致的城市无序发展、住宅建设的停滞、战后人口增加和家庭结构趋向小型化,使得对住宅的需求量大幅增加;②城市人口拥挤,失业率居高不下,犯罪率上升,环境质量下降;③乡村日益衰落,城乡矛盾加深。为了综合解决这些问题,英国政府于1944年启动了大伦敦计划。其基本思路是按照霍华德的田园城市理论,在距离中心城一定距离的地方选择地价较低的农业区建立新城,并把城市人口转移到就业、生活自给自足的新城之中。

主要措施:①在伦敦周围建设一条平均约8千米宽的绿带限制城市的过度膨胀;②建设一批居住和工作上能自我平衡的真正符合霍华德思想的新城,人口规模为5万人,达到疏散中心城拥挤人口的目的;③在距离中心城市20~35千米处建立"反磁力中心",并推广到一切城镇居民体系规划布局中,形成结构完整的城镇体系,均匀地分布生产力和人口,达成城市化与乡村城镇化的目的。通过新城建设,伦敦加强了对农村的重视,疏解了中心城区存在的问题,促使伦敦地区形成了融入自然的田园城镇体系,解决了城市郊区的过度不平衡发展问题,提高了郊区城镇化水平,促进了城乡融合,实现了一体化发展的目标。

(2)法国巴黎城乡统筹发展。

巴黎无论在历史上还是今天,都是人口聚居中心。第二次世界大战后相当长的一段时间内,巴黎地区以巴黎为核心,环状辐射扩张,造成核心及其邻近地区过度密集发展,使得交通拥挤不堪,生活和工作的环境质量明显下降,城郊发展不平衡加剧。为了解决城乡矛盾,促进一体化发展,1965年法国政府通过了《大巴黎区规划和整顿指导方案》,其基本思路有如下几点。

①在城市密集区以外建立新城。

首先,将新城作为巴黎一部分,主要通过对新的公路、快速地下铁道等基础设施进行周密设计和建设,把巴黎、新城、郊区农村结合起来,使它们在形态职能上形成一个和谐的统一体。其次,把新城建设和农村地区开发有机结合起来,合理布局。巴黎新城一般在原有小城镇的基础上建设,通过完善基础设施,发展第三产业,逐步成为职业活动中心和市政建设的重点,对其周围地区产生一定的吸引力,起到培育新的城市网络,带动农村地区城市化发展的作用。从空间布局上看,新城分布比较均匀,与巴黎保持良好的联系,避免与市区截然分开。通过修建众多深入农村和落后地区的公路和铁路,促进工业的分散化和布局的合理化,从而大大刺激了小城镇的发展。

②制定完善的法规体系和经济措施。

自20世纪50年代开始,法国政府着力制定了一系列法规和经济措施,使产业和人口向郊区扩展。同时,赋予郊区新城对土地的规划、开发和监督统一管理权,将土地的开发纳入地区5年计划和年度财政计划中去,保证规划项目的实施。

4.德国的城乡等值模式

(1)科学合理的城乡规划体系。

德国的规划体系由综合性的空间规划,以及城市、交通、土地利用等专业领域的规划构成,规划领域主要与政府公共职责密切相关,对主要靠市场调节的领域,政府一般不编制规划。德国的空间发展报告通常是每4年编一次,在 1999 年通过的空间规划主要内容涉及乡村建设的有:①乡村居民点规划,包括乡村居民点的规模及相关商业和服务设施配置情况;②乡村绿色开放空间保护的基本原则;③乡村基础设施规划等。不仅如此,德国还非常注重城乡规划法律法典的系统完善,国家层面有专门的宪法进行保障,联邦和州层面也有相关法律,如《建筑法典》《田地重划法》《空间规划法》等。除联邦法律,各州享有制定本州空间规划法律的权力。

(2) 城乡等值化均衡发展理念。

德国的城乡发展经验主要在于其倡导"城乡等值化"的发展理念,并且扎实地付诸实践。

①城乡空间布局的均衡化。

德国城乡规划体系在空间布局上强调按照主城区、新(副)城区、小城镇、乡村聚落的等级模式进行合理布局,围绕大城市建设众多小城镇,但是大城市并不拥挤和庞大,大城市人口占据全国人口的三分之一,其余三分之二的人口大都分布在小城镇当中,为了防止大城市过度拥挤,大城市旁边专门建有不同大小的副中心城市,这些城市集聚了功能齐全的相关服务设施,而且有便捷的交通来连接中心城市。在中心城市和副中心城市周边又分布有众多的小城镇,通过小城镇的枢纽传导,实现中心城市、副中心城市、小城镇与乡村聚落的一体化。德国在城乡公共设施建设方面也非常强调等值化,在乡村和小城镇建设方面,比较注重对基础设施的完善化建设,尤其注重设施一体化、生活水平的均衡建设。德国宪法保障德国公民(无论乡村居民还是城市居民)都应享有选举、就业、社会保障等方面的权利,没有城乡差别和工农差异,从而使得德国乡村和城市在生活水平和生活质量方面和大城市并无多大差别。

②土地发展的规模合作化。

德国在乡村土地利用与开发上强调土地的集约化、规模化,从而促进乡村农业稳定发展,德国早在 20 世纪 50 年代就制定了专门的《农业法》《土地整理法》,在乡村土地利用与开发上强调土地的集约化、规模化,从而促进乡村农业稳定发展,规划调整小地块并集中连片,从而使得原本规模较小、经营分散的小农场变为规模化农场,既盘活了土地资本,又实现了农业规模化。为鼓励土地集约化经营,地方政府通过信贷和补贴方式鼓励小地块土地所有者进行土地置换买卖,实现土地自由流通,促进德国农场规模扩大和农业生产效率提高。1967年,德国再次修改了《合作社法》,通过合作社的建设实现德国农业的购销合作、流通合作、生产合作、资金合作,德国农民自愿加入合作社,通过分红和资源共享获得较高的农业经营利润,从而推动农业发展。据统计,到目前为止,德国已经形成了"地区合作联盟",农业合作组织已经达到了3500多家,大部分农民成为合作联盟的成员。

③调整城乡产业布局以实现合理化。

德国对农业产业布局的调整尤为重视,特别是在农业用地的配置上。得益于温暖湿润的气候条件,德国非常适合农业的发展。在规划农业产业时,德国通常依据自然环境的特色来发展生态可持续的农业,如畜牧业和各类谷物及葡萄种植业。这些产业不仅满足了国内需求,还具有显著的国际影响力,属于高效优质的农业类型。在德国乡村的农产品中,初级产品所占比例较少,而大多数产品是为了适应国际市场和贸易政策的变化而生产的。在巴伐利亚州,大约75%的乡镇都设有企业,主要以农产品加工和规模化农业经营为主。这些乡镇企业点缀在美丽的田园风光之中,成为德国村镇产业发展的亮点。为了促进就业,德国还特别在风景如画的村镇发展旅游、餐饮和娱乐业,以此增强村镇经济实力,减少城乡差异,并实现城乡一体化的目标。

1.3 嘉兴城乡融合的历史沿革 与现实挑战

改革开放以来,嘉兴市作为国务院批准的长江三角洲"先行规划、先行发展"的16个城市之一,以改革为动力,在统筹城乡发展方面较早进行了探索实践,城乡经济社会得到了较快发展。2004年,嘉兴市成为浙江省城乡一体化先行示范地,继而又成为浙江省统筹城乡发展试验区,随着嘉兴经济的快速发展,嘉兴市目前正处于发展的黄金期、对外开放的提升期、体制改革的完善期、经济社会的转型期,尤其是统筹城乡发展、推进城乡一体化进入了新阶段,正面临前所未有的机遇和挑战。

1.3.1 历史沿革

嘉兴市在城乡统筹发展进程中,通过一系列积极探索与实践,逐步形成了具有特色的发展模式,其城乡统筹的历史沿革体现了从初步探索到深化改革的渐进过程(表1-3),在全国城乡发展历程中具有典型意义,为其他地区提供了宝贵经验。

表1-3 嘉兴市城乡统筹历史沿革

阶 段	时 间	主 要 举 措	取 得 成 果
早期探索试点启动	2003年—2007年	①2003年将城乡一体化确立为"五大战略"之一。②2004年制定《嘉兴市城乡一体化发展规划纲要》。③选取试点区域探索城乡资源整合与产业协同发展路径。④完善城乡基本公共服务体系,推进公交、供水全域覆盖,推行城乡居民社会养老保险制度等	①城乡居民收入差距收窄。②初步构建城乡产业协同发展雏形。③提升公共服务水平,城乡居民基本生活水平显著提高
两分两换十改联动	2008年—2011年	全面推行"两分两换"模式(以土地承包经营权换股、换租、换社保;以宅基地换钱、换房、换地方),以土地制度与户籍制度为核心抓手	①土地方面:推动农业规模化经营,提高生产效率,优化城乡土地布局。②户籍制度改革方面:改善农民居住条件,促进城乡居民身份融合

阶　段	时　间	主　要　举　措	取　得　成　果
城乡统筹全域规划	2012年—2013年	①突破传统城市总体规划局限,构建城乡全域统筹规划体系(基于"1640"发展方针)。②全面推进公共服务均等化和产业协同发展	①为城乡一体化可持续发展奠定基础。②公共服务均等化:缩小城乡教育、医疗、文化差距。③产业协同发展:推动城乡产业融合,优化产业结构,增加农民收入
多规合一城乡融合	2014年—2019年	①2014年成为"多规合一"试点地区,建立相关制度,重构空间规划体系。②2019年全域列入城乡融合发展试验区,探索"人-地-业-权"四同联动的城乡融合模式	①人口制度改革:取消落户限制,改进居住证制度等。②土地要素改革:推进农村集体经营性建设用地入市改革。③产业融合发展:形成四类产业集群。④权利保障:深化农村产权制度改革,保障农民权益
六融六改纵深推进	党的二十届三中全会后	以"强城""兴村""融合"为主线,提出"六项改革""六项融合"行动方案,目标是2029年成为全国高水平城乡融合发展典范城市,2035年实现城乡全面融合、乡村全面振兴	①深度优化城乡空间治理模式。②推动城乡在规划引导、产业发展等多维度深度融合。③构建城乡协调共融发展模式,为城乡一体化深入发展奠定基础

1. 早期探索,试点启动

在2004年之前,嘉兴市城乡发展处于早期探索阶段。随着快速城镇化时代的到来,嘉兴市敏锐地察觉到城乡发展的问题:市区建设用地扩张的需求快速增长,农业与非农建设用地之间的矛盾加剧,城乡空间利用方面的冲突随之显化,嘉兴市逐步开始关注城乡关系的协调。在 2003 年,嘉兴市将城乡一体化确立为经济社会发展的"五大战略"之一。2004 年,嘉兴市制定了《嘉兴市城乡一体化发展规划纲要》,确定了嘉兴市围绕空间布局、基础设施、产业发展、要素流动、公共服务、生态治理六个关键领域进行统筹协调,以夯实城乡一体化发展基础。嘉兴市成为全国首个出台城乡一体化发展规划纲要的地级市。

依据规划纲要,嘉兴市精心挑选了部分具有代表性的区域作为城乡统筹发展的试点,积极筹备并启动相关改革工作。在试点区域内,政府部门、企业和社会各界积极参与,共同探索城乡资源整合与产业协同发展的有效路径。一方面,在资源整合方面,试点区域开始尝试打破城乡之间的资源壁垒,推动城市资金、技术、人才等资源向农村流动,同时优化农村土地、劳动力等资源的配置,提高资源利用效率。例如,通过土地流转,将分散的农村土地集中起来,引入城市资本和先进农业技术,发展规模化、现代化农业产业。另一方面,在产业协同发展方面,积极引导农村产业与城市产业对接,形成上下游产业链关系。城市的工业企业与农村的农产品加工企业开展合作,实现原材料供应、生产加工、销售渠道等环节的协同发展,初步构建起城乡产业协同发展的雏形。同时,嘉兴市城乡居民收入差距呈持续收窄态势,收入分配结构在不断优化,从 2004 年的 2.09 降至 2007 年的 1.98。嘉兴市始终致力于完善城乡基本公共服务体系,公交与供水实现全域覆盖,学校、卫生站、文化中心等公共设施布局合理,城乡居民基本生活水平得到显著提升。并且,嘉兴市在 2007 年率先推行城乡居民社会养老保险制度,为 70 周岁以上高龄老人发放生活补助,积极探索构建更具包容性的社会保障体系。此外,嘉兴市大力推进美丽城镇与美丽乡村建设,城镇建设模式成为全国范例,这些都为全面推进城乡统筹发展积累了宝贵的实践经验。

2. 两分两换,十改联动

2008 年,嘉兴市迎来了城乡统筹发展的重要契机,被列为浙江省统筹城乡综合配套改革试点区,这一机遇推动嘉兴市全面推行"两分两换"模式,该模式以土地制度与户籍制度为核心抓手,成为嘉兴市城乡统筹发展的关键举措。"两分两换"模式是指"以土地承包经营权换股、换租、换社保;以宅基地换钱、换房、换地方",其旨在通过创新土地和户籍管理方式,打破城乡二元结构,实现城乡资源的优化配置和人口的合理流动。

在实施过程中,"两分两换"模式在嘉兴市取得了显著的阶段性成果。土地方面,大量农民积极参与土地承包经营权的流转,这不仅推动了农业的规模化经营,提高了农业生产效率,还为城镇化发展腾出了宝贵的建设用地指标,满足了城市建设和产业发展对土地资源的需求。据统计,2008 年—2011 年共整理土地 4.8 万亩(1 亩等于 666.7 平方米),土地节约率在 50%以上,有效盘活乡村闲置空间,优化城乡土地布局,促进现代农业规模化发展。嘉兴市实现了耕地的集中连片经营,农业机械化、现代化水平显著提升。与此同时,为确保土地流转工作的顺利进行,嘉兴市积极构建了县、镇、村三级土地流转及产权交易体系,并建立了四级土地流转信息管理系统。在 2008 年—2011 年,嘉兴市土地承包经营权成功流转面积达 9.1 万亩,有效突破了信息不对称和中介服务不规范等瓶颈问题,推动了城乡土地资源的高效对接,促进了农业产业化的进程,并拓展了农民多元化的增收渠道。

在户籍制度改革方面,农民通过宅基地置换等方式,改善了居住条件,从分散的农村住宅迁入集中规划建设的城镇社区,同时获得了相应的社会保障权益,如养老保险、医疗保险等。这一转变使农民在生活方式和社会保障方面逐渐向市民靠拢,促进了城乡居民身份的融合。截至 2011 年年底,试点区养老保险覆盖率达到 81.1%,远超同期农村养老保险覆盖率,且超过半数的受益来自"两分两换"政策创新带来的红利分配,这充分体现了该模式在提升农民社会保障水平方面的积极成效,也表明了这一改革举措得到了广大城乡居民、基层政府和市场主体的高度认可与积极支持。

3. 城乡统筹,全域规划

嘉兴市规划体系曾一度存在"重城区、轻乡村"的规划导向,1982 年、1994 年、2003 年三轮城市总体规划均聚焦中心城区开发与空间布局,缺乏对外围村镇的有序引导与统筹管控,导致乡村空间碎片化、发展无序。究其原因,传统城市规划"就市论市",将乡村视作城市的背景,加之行政、条块、部门分割，进一步削弱了城乡规划的全局协调功能，形成交通、产业、土地利用等规划间的相互掣肘。

为了进一步巩固城乡融合改革的成效，嘉兴市突破了传统城市总体规划的局限，将城镇体系规划与城市规划中的关键内容进行了有效的整合，构建了一个全面的城乡全域统筹规划体系。这一举措标志着嘉兴市告别了传统的二元分治的规划逻辑，转而将城市与乡村纳入一个统一的空间治理框架之中。这套规划不仅为交通、公共服务等专项规划提供了坚实的基础依据，而且为未来城乡一体化的可持续发展奠定了坚实的基础。嘉兴市的城乡统筹规划体系，是基于其独特的"1640"发展方针来构建的。这一方针的核心在于优先保障"1"个中心城市和"6"个副中心城市的土地资源配置，确保这些城市能够得到充分的发展空间和资源支持。同时，嘉兴市还特别强化了40个小城镇的综合服务功能，旨在通过这些小城镇的全面发展，构建一个层级分明、功能互补的城乡空间体系。这样的体系能够确保城市与乡村之间在资源、服务和功能上的有效对接和互补，从而促进整个区域的均衡发展。

此外，自2012年起，嘉兴市在城乡统筹发展进程中持续发力，全面推进各项工作，尤其在公共服务均等化和产业协同发展方面取得了显著成效。在公共服务均等化方面，嘉兴市增加了对农村地区的投入，缩小城乡教育、医疗、文化差距。教育上，优化资源配置，推动优质均衡发展，城市学校与农村结对帮扶，提升农村教育条件；医疗上，完善农村医疗体系，提升服务能力，改善设施，加强人才建设；文化上，丰富农村文化生活，加强设施建设，传承优秀文化，满足精神需求。在产业协同发展方面，嘉兴市推动城乡产业融合，引导城市资源向农村流动。城市工业通过转移和技术扩散带动农村工业发展，优化产业结构。农村发展特色产业和生态旅游，增加就业，提高收入。加强农村电商平台建设，拓宽销售渠道，增强农村产业"造血"功能，为城乡统筹发展提供产业支撑。

4. 多规合一，城乡融合

"多规合一"作为城市与区域治理中用于解决规划脱节问题的工具，深化了城乡统筹并成为区域协同发展的关键。2014年,我国提出推动"多规合一",致力于解决规划矛盾和管理问题。同年,嘉兴市成为全国28个"多规合一"试点地区之一,探索破解规划间矛盾、事权模糊、管理低效等难题。嘉兴市通过"多规合一"推动城乡统筹规划,建立领导小组和"一办四组"制度,整合部门职能,实现规划全流程联动。同时,嘉兴重构了"1+4+N"的空间规划体系,确保全域规划一致性与区域发展异质性的平衡。

2019年12月,嘉兴市迎来了城乡发展的新契机,全域被列入城乡融合发展试验区,这一重要举措标志着嘉兴市城乡关系从统筹发展迈向融合发展的新阶段。嘉兴市以此为契机,积极探索创新,在延续前期城乡统筹改革成果的基础上,围绕"城乡人口迁徙制度、进城落户农民农村权益制度、农村集体经营性建设用地入市制度、城乡产业协同发展平台"等四个关键方面,深入探索"人-地-业-权"四同联动的城乡融合模式。

在人口制度改革方面,嘉兴市全面取消落户限制,让农村人口能够更加自由地向城市迁徙,享受与城市居民同等的公共服务待遇。同时,不断改进居住证制度,根据本地实际承载能力,分类推进非户籍常住人口与户籍人口公共服务均等化进程,逐步消除两者之间的差距。建立落户人口市民化成本分担机制,确保人口城镇化进程的可持续性。此外,积极探索城市人才入乡奖励机制,鼓励各类人才投身农村建设,为乡村振兴注入新的活力。

在土地要素改革方面,嘉兴市积极推进农村集体经营性建设用地入市改革,加强规划管理和用途管制,确保土地资源的合理利用。明确土地权属主体,完善收益分配机制,实现农村土地资源的市场化配置,提高土地利用效率。通过这些改革措施,嘉兴市既盘活了农村土地资产,增加了农民财产性收入,又为城市建设用地提供了新的来源,缓解了城市发展用地紧张的局面。

在产业融合发展方面,嘉兴市持续优化产业布局,形成了"特色小镇-小城镇-现代农业区-典型示范区"四类各具特色、相互协同的产业集群。特色小镇聚焦高端产业和新兴产业,发挥产业集聚和创新引领作用;小城镇注重承接城市产业辐射,发展劳动密集型和资源型产业,促进农村人口就地城镇化;现代农业区致力于推进农业现代化,发展农产品精深加工和农业观光旅游等新业态;典型示范区则通过整合各类资源,打造城乡融合发展的样板区域,引领全市城乡产业协同发展。

在权利保障方面,嘉兴市进一步深化农村产权制度改革,推进农民农村权益有序退出,做好土地承包经营权、宅基地使用权、收益分配权"三权"的确权颁证工作,确保农民权益得到有效保障。创新承包地经营体系,引入社会资本参与农村建设,发展多种形式的农业适度规模经营。推进宅基地制度改革,鼓励闲置宅基地使用权流转,开展农文旅等新业态,实现宅基地的多功能利用。通过这些改革举措,赋予农民更多财产权利,激发农村发展内生动力,推动城乡融合发展向更高水平迈进。

5. 六融六改,纵深推进

党的二十届三中全会明确提出了"城乡融合发展是中国式现代化的必然要求",这一重要论断不仅标志着城乡融合发展迈向了纵深阶段,而且也为我们指明了未来发展的方向。在这一转型的关键节点,嘉兴市积极行动起来,以"强城""兴村""融合"为主线,提出了一套以"六项改革"为牵引、"六项融合"为目标的高水平城乡融合行动方案。嘉兴市的这一方案旨在通过一系列创新举措,计划到2029年将嘉兴市打造成全国高水平城乡融合发展的典范城市,并在2035年实现城乡全面融合、乡村全面振兴的伟大目标。

"六项改革"是对城乡空间治理模式的深度优化,它涵盖了城乡规划引导、产业发展、要素流动、社会服务供给、生态环境保护与文化营造等多个维度,旨在推动嘉兴城乡在这些关键领域的深度融合。其中,市域空间治理改革依托"多规合一"的框架,统筹中心城区、镇域、乡村的空间布局,以增强中心城区的极核功能,同时优化乡村的宜居、宜业环境。产业集成改革则构建了"大产业""大农业""大就业"的格局,推动产业协同,强化农产品的全产业链,拓宽市场渠道,促进城乡劳动力市场的融合。要素市场化改革则致力于畅通"人、地、财"流动渠道,优化城乡统一建设用地市场,推进集体经营性建设用地入市,完善户籍制度改革,从而提升资源配置的效率。

在促进城乡生产要素流通的前提下,服务供给改革着重于公共资源的均衡分配,改善交通、能源、社保体系,提高托育、养老、医疗服务的品质和覆盖范围。生态文明体制改革加强了生态系统管理,拓展了"绿水青山"向"金山银山"的转换途径,促进了生态补偿机制,实现了生态与经济的和谐发展。此外,韧性治理新模式改革通过改进基层治理结构,推动社会治理的细致化、智能化、开放共享,提升了城乡社会的韧性。这六项改革措施紧密相连、互相支持,共同构建了一个城乡协调共融的发展模式,为新时代背景下嘉兴市城乡一体化的深入发展打下了坚实的基础。

1.3.2　现实挑战

城乡统筹是实现城乡共同发展、缩小城乡差距的重要战略举措。嘉兴市在城乡统筹发展方面取得了一定的成绩,但也面临着一些现实挑战。这些挑战涵盖了经济、社会、空间规划、土地管理和生态环境等多个领域,需要我们深入分析和解决。

1. 经济发展层面

尽管嘉兴市城乡融合成效显著,如农村居民人均可支配收入连续 21 年居全省首位,但仍面临两大核心问题:一是横向优势收窄,2024 年嘉兴市农村居民人均可支配收入(52249 元)与第二名舟山市(52195 元)差距仅 54元;二是纵向增速放缓,农村居民人均可支配收入增幅从 2021 年的 8.9% 降至 2024 年的 5.2%,亟须创新动能。深层原因在于,既往"设施下乡"模式的边际效应递减,需要向"人才科技驱动"转型;同时,土地要素单向流动(乡→城)制约了资源的高效配置,需要推动"城乡优地优用"的双向互动。此外,嘉兴市在经济发展层面也面临多重挑战,主要体现在产业结构优化升级困难、产业层次较低、工业发展滞后、产业协同发展不足、城乡产业融合互动、弱产业升级动力不足、城乡经济融合滞后及消费服务供给不平衡等方面。

2. 社会发展层面

嘉兴市在推进城乡公共服务均等化方面面临诸多挑战,包括教育资源分布不均、医疗资源配置不合理、信息基础设施建设滞后、农村教育与就业问题、公共交通设施不完善、户籍制度改革难题、社会保障体系不完善、人口流动与管理问题及城镇人口返迁问题。

在教育资源方面,城市与农村之间存在较大差距,城市教育设施和师资力量更为雄厚,而农村教育资源匮乏,教育质量有待提高。医疗资源同样配置不均,城市医疗机构先进,农村医疗设施和水平落后,导致农民看病难、看病贵。信息基础设施建设滞后,农村网络覆盖率低,网速慢,无法满足居民上网需求。

农村教育与就业问题突出,职业教育缺失,农村学生缺乏职业技能,就业竞争力不强。进城务工人员就业稳定性差,流动性大,劳动合同期限短,影响收入和生活质量,不利于劳动力稳定转移和城市化进程。

公共交通设施不完善,偏远地区覆盖不足,服务质量不高,存在车辆老化、线路不合理、换乘不便等问题。户籍制度改革面临难题,户籍壁垒和人口流动管理不善,导致进城务工人员面临就业歧视、社会保障不健全等问题。

社会保障体系不完善,保障水平较低,覆盖范围有限,特别是进城务工人员群体未完全纳入社会保障体系。人口流动稳定性差,存在城镇人口返迁问题,利益驱动和政策不完善导致人口无序流动,增加了城市管理难度。

3. 空间规划与土地管理层面

为了适应新型城市化发展的需要,规划管理体制亟须创新。当前的规划体系建立在城乡二元结构基础上,导致规划制定与实施模式存在局限性,无法有效指导城乡统筹发展。规划体系的不完善表现为缺乏系统性和协调性,而规划实施过程中部门间协调不畅、利益冲突及公众参与度不足,影响了规划的科学性和合理性。

土地管理制度同样限制了发展,土地资源利用效率低下。嘉兴市农业用地占比高达86%,远超周边城市,土地使用经济收益率低。同时,农村居民点分散,宅基地闲置和浪费严重,土地流转市场不健全,影响了土地资源的优化配置。

农村土地问题尤为突出,宅基地管理不善和土地征收补偿不合理是主要问题。宅基地制度存在审批不规范、流转受限等问题,导致资源浪费和不合理利用。土地征收补偿标准偏低,农民合法权益得不到有效保障,影响了农民的积极性和主动性。因此,改革土地管理制度,提高土地资源利用效率,以及完善宅基地和土地征收补偿机制,是推动城乡统筹发展和提高土地使用经济收益率的关键。

4. 生态环境层面

嘉兴市在生态环境建设方面面临多重挑战,包括艰巨的建设任务、巨大的减排压力及企业减排困难。金融危机持续对当地经济产生影响,导致企业资金短缺,影响了减排工程的按期投入。此外,可开展的减排项目资源减少,后续从现有项目中进一步减排的难度较大。结构减排方面,传统行业(如纺织、制革、化工和造纸等)仍是主导产业,这些行业的COD(化学需氧量)排放量高,而结构减排项目难以进一步挖掘潜力。环保部门对减排项目的认定要求高且标准变化快,导致项目认可率偏低。

区域环境问题也较为突出,畜禽养殖污染严重,各县(市、区)整治进度不平衡,部分地区的污染问题依然严重。省级以上开发区的污染源整治任务重,特别是化工类企业的废气、恶臭和噪声污染整治,若整治效果不理想,厂群纠纷和矛盾难以缓解,将影响验收。

跨界环境污染问题频发,边界污染问题如杭州市余杭区对海宁市上塘河的污染问题长期未解决,新问题如平湖受上海金山水污染等也不断出现。潜在威胁包括江苏拟建大型印染厂对嘉兴市饮用水源的威胁,以及市内其他区域的环境污染问题。

饮用水安全保障程度不高,所有地表水水源地水质均为Ⅳ类和劣Ⅴ类,无法满足水源地水质要求,给自来水深度处理带来压力。水源地管理不善,存在农业面源污染、工业污染等威胁。

环境保护监管不足,农村环境保护基础薄弱,环保机构人员匮乏,大部分乡镇缺乏专门的环境保护机构和专职人员。环境质量监管、监测缺失,导致污染事故无人管理,环保咨询无处可问,农民缺乏环境知识指导。长效管理机制不完善,存在垃圾收集处理不及时、污水排放不规范等问题,影响了农村环境质量的改善。

2 嘉兴市城乡融合发展的主要成就与亮点

2.1 嘉兴市城乡融合的顶层设计与战略目标

2.1.1 嘉兴市城乡融合发展的新目标

1. 确立城乡共同升级跃迁，从而加快城市化进程的城乡发展目标

嘉兴市在推进城乡融合发展的过程中，面临的主要矛盾和问题在于城市服务功能层次不高。对于农村人口而言，尽管留在农村与进入城市的收益相当，但由于农村的成本投入更低，城市对农村人口的吸引力显得不足。与此同时，由于城市产业层次较低，对农村剩余劳动力的吸纳能力有限，加之工人工资较低，也进一步降低了城市对农村人口的吸引力。

因此，提高城市发展地位，推动城乡共同跃迁，成为嘉兴市未来一段时期内的重要发展目标。城市跃迁的核心在于提升区域价值链中的地位——城市在价值链中的位置越高，在同等资源投入下的产出也越高，其综合地位自然水涨船高。通过推动嘉兴城市在价值链中的跃迁，一方面可以提升城市服务功能层次，增强对农村人口的吸引力；另一方面，通过提升城市产业层次，使得进入城市的农村人口通过培训后能够胜任更高层次的职业。

通过城市的跃迁，促进农村人口的有序转移，加速城市化进程，从而实现农村发展的跃迁。依托城市化与农业产业化的协同作用，可推动农业生产方式从分散经营向规模化经营转变；通过促进耕地相对集中连片，推进农

业机械化作业与生产，全面提升农业的土地产出率、资源利用率、科技贡献率、劳动生产率及市场竞争力。

2. 加强职业教育与技能培训，发展生产性服务业的经济发展目标

职业教育与技能培训的缺乏，一方面成为阻碍城乡共同跃迁以及城市功能与产业升级的重要因素，另一方面直接影响着农村劳动力向城市的流动。由于缺乏职业教育与技能培训，农村劳动力的就业能力和市场竞争力较弱，他们在城市从事的工作往往缺乏稳定性。基于降低风险与成本的考虑，许多人选择继续保留农村户籍作为最直接有效的保障方式。通过加强职业教育与技能培训，不仅能够缓解城市跃迁升级过程中技能型劳动力短缺的矛盾，还可以提升农村劳动力的就业能力和综合素质，从而为其进入城市提供有力的推动力。

在区域发展的每个阶段，各类服务的支持都是不可或缺的。从区域产业经济与空间演化的规律来看，区域经济在升级到一定程度后，尤其是首位城市实现功能跃迁时，往往会退出部分服务领域，或者因聚焦更高层次服务而将某些较低端服务业上的发展机遇让位于周边城市。根据国内外经验总结，价值链左端的服务领域，如物流、批发零售、职业培训、创意加盟及中小企业金融服务等，正是此类服务业的典型代表。那些能够抓住机会、获取这些服务业发展资源的城市，往往能够快速成长为区域的二级核心城市。这不仅有力推动城乡共同跃迁，也通过现代服务业为更多劳动力提供就业渠道，从而实现区域经济的高质量发展。

3. 进一步健全城乡社会保障的社会发展目标

农民生产与生活方式在空间上的分离将制约城镇化的整体进程，不仅不利于城镇工业的可持续发展，也阻碍了农业现代化的深入推进。农民在生活与户籍上对土地的"依赖"，主要缘于当前我国城镇化战略中未能及时为进城居民提供完善的住房与社会保障体系。随着城镇化进程加快，农民逐渐出现职业分化，其个人身份及与土地的关系不断演变。农村住宅供给制度这一福利形式，应逐步与脱离农业生产、转入城镇生产生活的居民安置福利有机衔接。

目前,嘉兴市在城乡经济发展与基础设施服务方面的差距已显著缩小,进一步健全的城乡社会保障体系成为降低农民进城门槛、加速城镇化发展的关键举措。这一目标的确立,不仅能解决农民进城的后顾之忧,还将为城乡融合发展注入更强动力。

4. 确立打造全新宜居城市生活方式,以城带乡的生活发展目标

通过塑造多元空间要素,城市可以展现自身独特的文化魅力与个性。例如,高品质的公共空间、雄伟的建筑、具有象征意义的景观节点雕塑及充满艺术感的街道设施等,皆可彰显城市文化的深度与活力。从每一个细节着手,打造精致的城市空间,结合公园、湿地等生态空间的建设,营造生态宜居环境,为市民提供优质的生活体验。

在文化要素融入空间建设的层面上,嘉兴市需要通过一系列空间策略,激发城市的文化创新动力,使城市文化得到充分体现。通过这些努力,将创新塑造为城市的性格特质,从而实现生活方式的全面升级,以城市现代化发展带动乡村整体提升。

5. 构建水乡特色与田园风光融为一体的生态体系

充分挖掘和利用嘉兴市丰富的生态资源要素,包括河网水系、湿地资源,以及与水乡文化相关的建筑、古迹、文物和民俗等有形与无形文化遗产,塑造具有江南水乡特色的生态环境,实现"人在河边走,鸭在水中游"的田园诗意画卷。

结合嘉兴市网络型大城市与"两新"工程建设,利用农田、河流及森林绿化等生态要素,在城市功能组团之间形成生态隔离带,构建田园式网络型城市空间结构。同时,在城镇和城乡社区内部规划建设绿色开敞空间,并在网络型城市不同层次间设计大花园、中花园、小花园,整体形成城乡融合的绿色开敞空间与生态体系,充分展现水乡与田园的自然和谐美。

2.1.2　嘉兴市城乡融合发展的模式设计

嘉兴市城乡融合发展通过不断的理论研究和实践探索,逐步变得丰富和完善。从推进"五个一工程"建设,到推进城乡空间布局、城乡基础设施建

设、城乡产业发展、城乡劳动就业与社会保障、城乡社会发展和城乡生态环境建设与保护的"六个一体化"，再到嘉兴市打造城乡一体化行动纲领的"十改联动"，以"两分两换"为动力的"两新"工程建设，这些都极大地提升了嘉兴市的城乡融合发展水平。嘉兴市在城乡融合综合配套改革的目标、基本途径、具体措施和经验可以概括为城乡融合发展的"嘉兴经验"。

城乡融合发展的嘉兴经验具体内容可以概况为"新型城市化引领、'两分两换'推动、'两新'工程抓手、'十改联动'保障"（图2-1）。具体内涵包括坚持新型城市化引领城乡融合发展，城乡融合发展以推动城市化建设为主要目标，以宅基地置换城镇房产，以土地承包经营权置换社会保障的"两分两换"工作为主要推动方式，建设新市镇和城乡一体新社区的"两新"工程，全面开展以土地使用制度、统筹城乡就业、社会保障制度、村镇建设管理体制（户籍制度、居住证制度、涉农体制、村镇建设管理、金融体制）、公共服务均等化体制、规划管理体制等"十改联动"为主要内容的改革试点。

1. 新型城市化引领

新型城市化坚持以人为本，以新型工业化为动力，以统筹兼顾为原则，以和谐社会为方向，以全面、协调、和谐、可持续发展为特征，推动城市现代化、城市集群化、城市生态化、农村城市化，全面提升城市化质量和水平，走科学发展、集约高效、功能完善、环境友好、社会和谐、个性鲜明、城乡一体、大中小城市和城镇协调发展的新型城市化路子。

嘉兴市在城乡统筹发展过程中，探索出适合本地实际的新型城市化模式。即以推进健康城市化进程为目标，构建现代化网络型大城市，形成"主城—副城—市镇—城乡一体新社区"的"1640＋300"网络型城乡空间布局体系，形成一个以中心城区为主的综合服务中心，各县（市）城区和滨海新区为辅的6个副中心，以中心镇和一般建制镇为支撑，一主多副、功能互补的网络型大城市框架。

嘉兴市以城市集约发展、和谐发展和统筹发展为核心，提升市民的生活品质，促进市民的全面发展。首先，构建组合有序、功能互补的"主城—副城—市镇"网络城市骨架体系；加快城市功能建设，完善以城带乡体制；加强

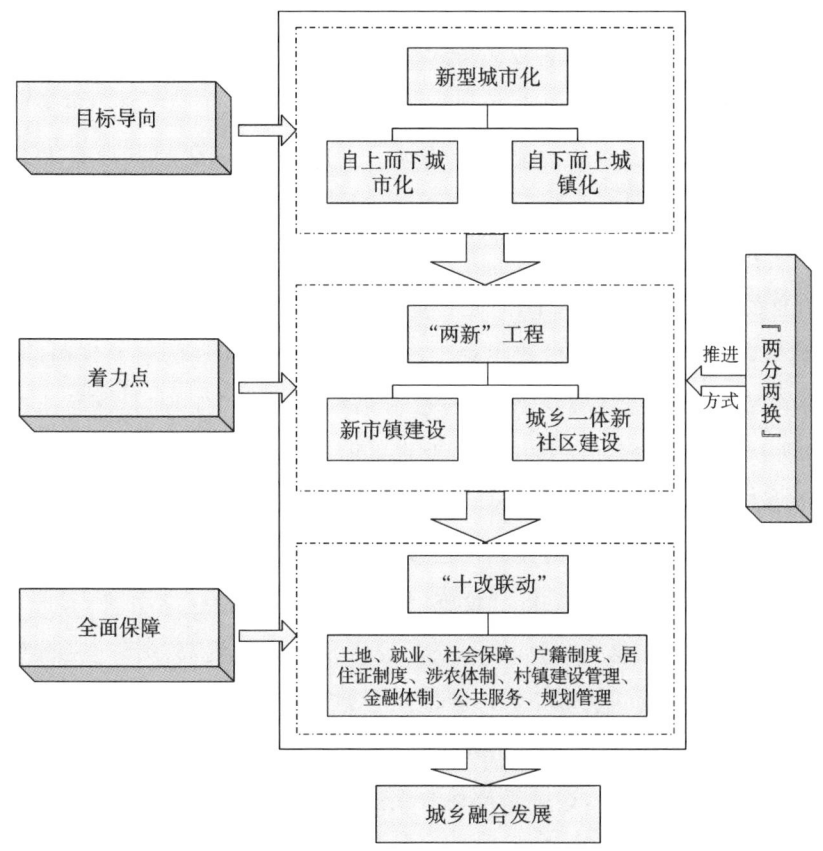

图 2-1　嘉兴市城乡融合发展经验

城市管理,打造资源节约、环境友好型城市,推动城市步入科学发展轨道。其次,优化有利于城乡协调发展的村镇体系,形成"1＋X"(一个新市镇镇区加上不超过镇所属行政村数的城乡一体新社区)的村镇布局体系,引导农民向新市镇集聚。不同于自上而下的"苏南模式"和自下而上的"温州模式",嘉兴市在城乡融合发展过程中,采用了自上而下和自下而上相结合的双轨城市化的新型城市化发展模式。一方面通过乡村经济发展和乡村转型发展,解放农村劳动力,自下而上地推动农民向城镇转移;另一方面通过中心城市和新市镇的建设,完善城镇功能和服务保障职能,为人口转移和城镇化发展提供全面的保障,进而拉动城镇化发展。

2."两分两换"推动

所谓"两分两换"是指把农民的宅基地和承包地分开,搬迁和土地流转分开,以宅基地置换城镇房产,以土地承包经营权置换社会保障。土地置换后,不改变土地所有权性质和土地用途。土地流转后,农民只要是非农就业,其养老保险实现全覆盖;对已经进入老龄阶段的农民,逐步提高养老保险的待遇。

全面开展"两分两换"工作,是推进农村人口集聚、实现城乡融合的重要途径,基于"两分两换"的村镇规划工作,将更加突出规划的引领作用,通过完善的规划体系,提高城乡建设水平。开展"两分两换"工作,是嘉兴市进一步完善村镇规划体系、提高村镇建设水平的重要途径。通过实施"两分两换",村镇规划将以城乡一体化和新型城市化为指导,以加强新市镇建设为落脚点,形成"以镇带村"的规划与建设体系,促进人口、产业向新市镇的集聚,完善新市镇与村庄基础配套设施,从而全面提高城乡生活水平。

嘉兴市农村工业的发展,使得农村经济水平大大提高。目前在嘉兴市农村地区存在大量的从事非农产业的人口,这些从事非农产业的人口进入城镇缺乏政策上的支持,通过"两分两换"工作,为从事非农产业的农民进城、进镇提供优良保障,这对于推动农民进城,促进城市化发展起到必要推动作用。

3."两新"工程抓手

在浙江省委、省政府作出加快农村住房改造建设的战略决策后,嘉兴市紧紧抓住全省融合城乡综合配套改革试点契机,立足前期工作基础,勇于开拓创新,探索开展以"两分两换"推进"两新"工程建设,促进农房改造集聚。"两新"工程,就是以"两分两换"为动力,以编制实施"1+X"村镇布局规划为引领,创新提升"百千"工程,全力推进现代新市镇和城乡一体新社区建设。

在两新工程建设过程中,首先,坚持规划先行,明确规划定位。着眼建设现代城市、现代家园和现代市民,把现代新市镇和城乡一体新社区作为一个有机整体,编制实施"1+X"村镇布局规划。突出做大、做强"1",增强其对广大农民安居乐业的吸引力,力争容纳镇域50%以上的人口,成为镇域经济、政治、文化和社会生活服务中心;着力做精、做优"X",提升农民居住和基本生活水平。

其次,注重政策配套。按照"政府可承受、百姓可接受、发展可持续"的原则,创新完善农房改造集聚的政策措施。研究集体土地调换、农民宅基地串换等办法,鼓励农户跨行政村搬迁建房。探索研究农民搬迁安置房产权政策,积极创造条件为农户争取发放房产证和土地使用证。统一减免农民建房规费,由财政给予建房补贴,对小于核定建房面积的农户给予节地奖励。整合各类涉农资金,市财政在原村庄整治专项资金基础上每年增加投入 1000 万元,县(市、区)、镇两级也相应增加投入。

最后,突出农民主体。农民群众是加快"两新"工程建设、推进农房改造集聚的直接参与者和最大受益者。嘉兴市应当在注重强化政府主导的同时,突出发挥群众的主体作用。充分利用各种新闻媒体,深入宣传推进农房改造集聚的重要意义,帮助农民克服住宅问题上的思维定式和传统观念。以"两分两换"为动力的"两新"工程建设,是实现新型城市化道路和提高城乡融合发展水平的重要抓手。

4."十改联动"保障

在统筹城乡综合配套改革试点中,嘉兴市把"两分两换"改革作为城乡融合综合配套改革的核心和关键予以重点突破,试点先行,以实现"土地节约集约有增量,农民安居乐业有保障"的目标。在着力抓好"两分两换"试点的同时,"十改联动"的其他各项改革扎实推进,全面、有序展开。"十改联动"作为保障,顺利地推进"两分两换"和"两新"工程建设。

"十改联动"主要内容包括以下几个方面。

(1)优化土地使用制度,建立城乡土地节约、集约利用和优化配置机制。开展节约、集约用地试点;探索建立土地非农升值收益城乡共享机制;完善土地利用总体规划;开发土地增值潜能。

(2)深化城乡就业改革,健全城乡劳动者平等、充分就业的政策体系和服务体系。完善城乡一体的促进就业政策体系;全面开展充分就业社区(村)创建工作;积极推进创业促进就业工作;建立完善城乡公共就业、创业服务体系。

（3）深化社会保障制度改革,建立全面覆盖城乡居民的社会保障体系。全面落实城乡社会养老保险制度;完善覆盖城乡居民的医疗保障体系;逐步建立和完善城乡一体的失业保险制度;完善社会救助和社会福利制度;健全社会保障管理体制和运行机制。

（4）实施户籍制度改革,建立城乡统一的新型户籍管理制度。建立按居住地登记户口的新型户籍管理制度;加强政策配套衔接;鼓励农村居民向城镇集聚。

（5）实施居住证制度改革,创新居民服务管理体制。深化新居民服务管理体制改革;重视新居民子女教育;改善新居民居住条件。

（6）实施涉农工作管理体制改革,建立城乡"三农"管理服务体制和机制。改革"三农"管理体制;深化农业服务体制改革;创新农业经营和发展方式。

（7）实施村镇建设管理体制改革,推进新市镇和新农村建设。培育发展现代新市镇;加快新市镇配套居民区建设;加强农村新社区建设与管理;加强基层组织建设;发展壮大村级集体经济。

（8）深化农村金融体制改革,建立完善城乡和服务"三农"的金融体系。深化农村金融体制改革;强化金融服务创新;完善风险保障及担保机制;创新基础设施投融资机制。

（9）推进公共服务均等化体制改革,建立城乡资源共享机制和管理服务机制。加快转变政府职能;深化教育体制改革;深化文化体制改革;深化医疗卫生体制改革;深化环保机制改革。

（10）实施规划管理体制改革,建立市域一体的规划体系。改革城乡规划管理体制;建立全市域一体的规划体系。

嘉兴市城乡融合发展各阶段经验如表 2-1 所示。

表 2-1　嘉兴市城乡融合发展各阶段经验

阶　　段	乡村工业化阶段	农村设施建设阶段	城乡统筹和城乡融合阶段
城乡规划管理	早期探索,将典型示范拓展至整体推进	全面推进,出台相关政策文件将管理体系规范起来	完善创新,建设城乡一体化先行示范区

阶　　段	乡村工业化阶段	农村设施建设阶段	城乡统筹和城乡融合阶段
城乡产业发展	起步阶段,"从无到有"建设现代化农业产业体系	明确提出城乡发展一体化的概念和目标,初步形成一体化的城乡产业格局	迈向更高阶段,整体上一体化程度更高,分工上产业之间更加合理
推进城乡基础设施建设	以农业基础设施建设为主,加快农村城镇化建设	建成网络化基础设施建设,按城市服务标准建设农村基础设施	完善基础设施网络,改善农村生态环境,进一步加强交通设施建设
城乡公共服务均等化	开始正视农村公共服务不足,处于城乡公共服务建设的摸索阶段	城乡公共服务建设取得显著成效,农村各项基础设施逐渐接近城市水平	基本建立起城乡公共服务建设体系,公共服务跨区域共享

2.2　嘉兴市城乡规划与空间布局重构

随着经济体制与行政管理体制改革的不断推进,城乡规划作为市场经济条件下政府指导、调控城乡建设和发展的基本手段,受到各级政府的高度重视。嘉兴市城乡规划管理制度的逐步建立、完善的历史过程和实践成效表明,现行的城乡规划管理体制总体上符合嘉兴市的基本情况、经济社会发展的阶段特征及社会主义市场经济体制运行的基本规律和要求。

2.2.1　嘉兴市城乡规划管理的基本内容

随着我国空间规划体系的不断深化与完善,嘉兴市在城乡规划管理中也积极探索与国土空间规划体系的接轨路径。自 2013 年中共十八届三中全会提出"建立空间规划体系"以来,国家逐步明确了空间规划作为国家治理体系的重要组成部分。2015 年,《生态文明体制改革总体方案》

进一步强调了构建全国统一、相互衔接的空间规划体系的重要性，为地方实践提供了政策依据。2017年，《省级空间规划试点方案》提出推进"多规合一"的战略部署，为嘉兴市的地方实践提供了具体指导。2018年自然资源部的成立，进一步强化了国土空间用途管制和生态保护修复的职责，为嘉兴市城乡规划管理提供了制度保障。2019年，《中共中央 国务院关于建立国土空间规划体系并监督实施的若干意见》明确了国土空间规划的框架与目标，标志着全国国土空间规划工作的全面启动。在此背景下，嘉兴市通过优化空间治理结构、整合规划资源，逐步实现了城乡规划管理与国土空间规划体系的有机衔接，为解决空间发展失衡、开发强度失度等问题提供了有效途径，也为推进国家治理体系和治理能力现代化贡献了地方经验。

1. 规划原则与目标

坚持战略引领，全面落实上位要求。以习近平新时代中国特色社会主义思想为指导，发挥国土空间规划顶层设计作用，为国家和省的决策部署高效落地提供空间支撑。全面落实长三角一体化发展战略，深度接轨上海大都市圈建设，深度谋划重大战略落地实施的空间。

坚持底线思维，全面保障国土安全。坚持生态优先、绿色发展的原则，以资源环境承载能力和国土空间开发适宜性评价结果为基础，严守粮食安全底线和生态安全底线，划定耕地和永久基本农田、生态保护红线、城镇开发边界、历史文化保护线、安全风险控制线等重要控制线。

坚持以人为本，全面提升城市品质。着力提升生态环境，优化国土空间品质，塑造特色城乡风貌，建设美好人居环境。实施以人为核心的新型城镇化战略和乡村振兴战略，推进城乡均衡的公共服务，促进城乡品质提升，成为全面展示中国特色社会主义制度优越性重要窗口中最精彩的板块。

坚持创新驱动，全面提升发展质量。加快建设创新型新经济体系，全面优化创新产业集群布局，推动产业平台整合提升。坚持内涵式集约、节约发展，推动存量低效用地更新利用，全面提升用地产出绩效，为实现高质量双循环提供空间支撑。

坚持市域统筹,全面强化治理能力。推动市域一体化改革试点,完善国土空间管控与引导体系,优化市域资源要素配置和国土空间用途管制。深化数字化改革,建设完善国土空间规划"一张图"实施监督信息系统,为规划实施监督提供手段和支撑。

2. 城乡规划管理主要内容

(1)城市功能定位与空间战略。

嘉兴市是长三角核心区重要的中心城市、国家历史文化名城、长三角重要的科创和先进制造业城市。作为长三角核心区重要的中心城市,嘉兴市突出交通、产业、文化、生态优势,主动融入上海大都市圈和杭州都市圈,努力打造浙江省接轨上海的"桥头堡"和承接上海辐射的"门户"。作为国家历史文化名城,嘉兴市严格保护历史城区、历史文化街区等重要文化遗迹,全面展现嘉兴市历史悠久、文化底蕴深厚、红色价值独特的城市特色。作为长三角重要的科创和先进制造业城市,嘉兴市充分发挥长三角 G60 科创走廊政策优势,依托嘉兴市南湖高新区等重要科创资源,打造长三角重要的科创服务中心;着力打造附加值高、技术含量高、全要素生产率高的长三角核心区全球先进制造业基地。

嘉兴市城市发展的核心功能定位包括长三角重要综合交通枢纽、长三角 G60 科创走廊创新核心、长三角核心区全球先进制造业基地、国家城乡融合发展试验区、诗画江南重要文化中心。

其一,长三角重要综合交通枢纽。融入轨道上的长三角建设,打造国家高铁通道重要节点和长三角核心区复合枢纽;依托嘉兴南湖机场,打造长三角专业性航空货运枢纽和航空多式联运中心,共建"协同共赢的世界级机场群";打造浙北海河联运大通道,建设长三角海河联运枢纽,共建"长三角世界级港口群"。

其二,长三角 G60 科创走廊创新核心。紧抓长三角一体化发展重大战略机遇,强化长三角 G60 科创走廊的创新引领作用,建设高能级创新平台、高水平大学,打造长三角科技成果转化高地、科创金融一体化服务基地和高新产业集聚地。

其三，长三角核心区全球先进制造业基地。持续实施对外开放战略，协同共建杭州湾北岸"黄金海岸经济带"，聚焦港陆融合、港产融合、港城融合，高质量打造湾北临港先进制造核心产业集群。

其四，国家城乡融合发展试验区。落实省第十五次党代会提出的嘉兴湖州共建国家城乡融合发展试验区要求，基本打通城乡生产要素双向自由流动的制度性通道，形成可复制、可推广的典型经验和改革措施。

其五，诗画江南重要文化中心。大力弘扬红船精神，发挥中国革命红船起航地政治优势，建设以党的诞生地为根本的红色文化中心。彰显诗画江南、水乡古镇的文化特色，传承弘扬以江南文化为最显著特征的优秀传统文化。推进产业数字化、数字产业化齐头并进，以乌镇世界互联网大会为抓手打造互联网文化样板区。

在空间布局与规划方面，嘉兴市建立五大空间发展战略。

第一，"接沪融杭、一体发展"战略。深度融入长三角一体化发展国家战略格局，加快推进长三角生态绿色一体化发展示范区嘉善片区和嘉善县域高质量发展示范点建设；加快推进虹桥国际开放枢纽"金南翼"建设；充分发挥长三角G60科创走廊、国家城乡融合发展试验区政策优势，依托长三角生态绿色一体化发展示范区、浙江乍浦经济开发区、杭海数字新城等战略平台和区域重大基础设施，深化沪嘉、杭嘉、嘉湖、甬嘉、苏嘉一体化发展，高效对接长三角地区主要城市及周边毗邻城市。

第二，"强化核心、最优整体"战略。在推进全市深度融入长三角核心区网络化格局的基础上，不断提升市域统筹能力，强化市区在市域中的中心地位，提高市区首位度，强化县城的支撑作用，形成良好的分工协同关系，实现资源要素优化配置。全面提升市域一体化水平，重点推动"两湖一嘉"一体化先行区、湾北新区、县（市、区）毗邻地区协同区（洪合-濮院协同区、尖山-南北湖协同区、乍浦-独山港协同区等）建设。以市域功能结构、生态体系、设施网络一体化为重点，建立市域统一的空间质量和绩效测算标准，优化发展效益，形成市域最优整体。

第三,"创新驱动、同强共富"战略。以长三角G60科创走廊为引领,对接上海、杭州创新高地,引导科技创新资源集聚,推进开发区空间整合,形成高能级战略平台为引领、国省级开发区为支撑、"万亩千亿"新产业平台为重点的产业平台体系。提升市域创新、创业空间,推动市域产业平台协同合作,实现市、县同强共富发展。

第四,"生态优先、最美江南"战略。以长三角生态绿色一体化发展示范区为引领,优化江南水乡生态底板,突出强调生态保护红线的刚性约束作用,建立自然保护地体系,构建海陆统筹的生态网络格局和生态全要素管控体系。推进全要素生态修复,健全绿色低碳要求的用途管制,依托"一江一河、水韵田园",打造最美江南水乡特色风貌,实现生态文化空间高水平保护。

第五,"提质增效、空间智治"战略。以国土空间基础信息平台为基础,建设完善国土空间规划"一张图"实施监督信息系统,促进规划管理向数智化变革,推动"一年一体检、五年一评估"的定期体检评估模式,建立全流程贯通、全过程管控、全周期治理的国土空间规划管理体系,实现动态精细化空间治理。

(2)基于城乡融合的国土空间总体格局。

第一,三条控制线划定与管控。对于耕地和永久基本农田,基于应划尽划、应保尽保的原则,严格落实国家、省要求,保质、保量优先划定永久基本农田,将符合条件的耕地全部纳入耕地保护目标,将可以长期稳定利用的耕地优先划入永久基本农田,并落实到具体地块和图斑。对于生态保护红线,按照生态保护红线划定要求,将整合优化后的自然保护地,以及重要水源涵养、生物多样性维护、水土保持等生态功能极重要区、生态极敏感区统筹划入生态保护红线。对于城镇开发边界,在优先划定耕地和永久基本农田、生态保护红线的基础上,顺应自然地理格局,避让永久基本农田、生态保护红线、自然灾害高风险区域等,促进集约内涵式发展,根据人口变化趋势和存量建设用地状况合理划定城镇开发边界,管控城镇建设用地总量,引导形成集约紧凑的城镇空间格局。至2035年,全市划定城镇开发边界1058.41平方千米,其中市辖区282.06平方千米。严格城镇开发边界管控,对于城镇开发边界内的建设,实行"详细规划＋规划许可"的管制方式;对于城镇开发边界外的建设,按照主导用途分区,实行"详细规划＋规划许可"或"约束指标＋分区准入"的管制方式。

第二,落实主体功能区战略。其一,传导落实上位规划要求,明确南湖区、秀洲区、嘉善县、海宁市、桐乡市为城镇化优势地区,海盐县、平湖市为农产品主产区,其中,秀洲区附加功能为文化景观地区,海盐县、平湖市附加功能为海洋经济地区。其二,以乡镇(街道)为基本单元,将国土空间主体功能细分为农产品主产区、重点生态功能区、生态经济地区、城镇化优势地区、城镇化潜力地区,以及海洋经济地区、文化景观地区两类附加类型,形成承载多种功能、优势互补、区域协同的主体功能布局。其三,巩固农产品主产区格局。重点将粮食生产功能区所在乡镇划分为农产品主产区,农产品主产区重点强化耕地和永久基本农田规模化、集中化建设,发展现代特色农业,综合提高农产品保障供给能力。其四,筑牢生态经济地区格局。重点将嘉善县、秀洲区北部水乡地区,海盐县南北湖所在乡镇,以及钱塘江和海域生态红线划分为生态经济地区。生态经济地区重点探索推动"绿水青山就是金山银山"转化,充分挖掘江南水乡生态空间价值,建立健全生态产品价值实现机制,实现特色化、差异化发展。其五,夯实城镇化优势地区格局。统筹市域城镇发展空间资源配置,重点将嘉兴市中心城区,各县(市)中心城区、强镇,以及嘉兴港区所在的乡镇(街道)划分为城镇化优势地区。重点落实重大战略,积极引导人口、重大产业平台向城镇化优势地区转移,以土地紧凑高效利用为导向,进一步提升区域竞争力。其六,完善城镇化潜力地区格局。推动块状经济转型升级,重点将城镇化优势地区周边的小城镇划分为城镇化潜力地区。重点推动小城镇特色化发展,促进城乡高质量融合,形成经济新的增长极。其七,细化乡镇级主体功能附加类型。将海洋经济实力较强的 2 个乡镇(街道)划为海洋经济地区,进一步加快海洋产业集聚,为打造海洋强省提供重要支撑。将历史文化名镇或包含重要风景名胜区的乡镇(街道)划分为文化景观地区,强化文化景观地区的保护和利用。

嘉兴市将主体功能区作为确定发展格局、用途分区等的重要依据,系统解决农业、生态、城镇功能之间的空间矛盾冲突。构建从"主体功能区"到"政策单元"的网格化指引体系,强化空间政策单元在国土空间规划中的落实。健全主体功能区配套政策和差异化绩效考核评价体系,制定差异化的要素配置、产业准入、用地供应、考核评价等综合措施。

第三,国土空间总体格局与城乡规划分区。其一,坚持生态优先的底线思维,全面落实长三角一体化发展战略,整体上形成以生态结构为骨架、集中连片的农业空间为本、城乡一体发展的空间布局,构建"一核引领、三廊提升、一体发展"的市域国土空间总体格局。对于"一核引领",以打造实力型、创新型、枢纽型、品质型、活力型、开放型、智慧型城市为目标,通过中心城区空间结构优化与创新要素集聚提升,提升中心城区生活品质与吸引力,强化中心城区的引领带动能力。对于"三廊提升",中部地区提升城市能级和科技创新能力,加快发展长三角 G60 科创走廊;南部地区提升产业融合和转型发展水平,加强湾北新区谋划,打造杭州湾湾北先进制造发展走廊;北部地区提升水乡田园文化特色,形成生态绿色发展走廊。对于"一体发展",以接沪协同区、临杭协同区为重点,以长三角生态绿色一体化发展示范区为主体,深入全面推动嘉兴市融入长三角一体化发展。加快以南湖区、平湖市、嘉善县为重点的"两湖一嘉"一体化先行区建设。

其二,依据国土空间规划用途分区划定城镇发展区和乡村发展区。对于城镇发展区,划定面积占市域面积的 18.90%,主要用于城镇建设,是开展城镇开发建设行为的核心区域,主要位于各县(市、区)城镇开发边界。对于乡村发展区,划定面积占市域面积的 26.90%,包括村庄建设区、一般农业区、农田整备区、林业发展区等,主要是农田保护区以外的耕地、园地、林地等农用地,农业和乡村特色产业发展所需的各类配套设施用地,以及现状和规划的村庄建设用地等,各县(市、区)均有分布。

(3)基于生态文明的全域全要素规划。

基于全域"双评价"体系,构建高质量生态基础。全域"双评价"体系包括资源环境承载力评价和国土空间开发适宜性评价。对于资源环境承载力评价,建立水资源承载力和土地资源承载力评价体系。据评估,嘉兴市人均水资源保有量低，境内供水量不足，需要建设境外引水工程。通过千岛湖、太湖引水工程，水资源约束下可承载城镇人口约773万~1125万人，可承载城镇建设用地规模为988~1443平方千米。此外，嘉兴市地势平坦，坡度起伏小，土壤清洁度较高，地质灾害较少，土地资源对农业生产和城镇建设的约束较小。通过承载力分析，土地资源约束下可承载的耕地规模为2391.40平方千米，可承载城镇建设用地规模为3445.76平方千米。

对于国土空间开发适宜性评价，建立生态保护重要区和农业生产适宜区与城镇建设适宜区划定。全市陆域生态保护极重要区面积为111.53平方千米，主要位于秀洲北部湿地、南北湖、九龙山、重要水源地；陆域生态保护重要区面积为608.12平方千米，主要位于市域北部湖荡区、九龙山及南北湖周边、平原河网及主干（县级以上）河道两岸保护管理范围、钱塘江河口（港口航道区）区域。海洋生态保护重要区主要位于钱塘江入海口及王盘山海洋公园。此外，嘉兴市陆域农业生产适宜区面积达2777.33平方千米，主要为等级高或较高的优质耕地，广泛分布于全市各地；陆域城镇建设适宜区面积共3787.21平方千米，为地势平坦、工程地质环境稳定、区位优势度好的地段。两者高度重叠，重叠面积占陆域总面积的40%左右。

基于此，嘉兴市明确了与自然资源格局相协调的空间开发与保护格局。具体而言，北部地区以水乡湖荡塘浦为核心，重点实施生态保护，维护水网密布的生态功能；中部地区依托长三角G60科技创新走廊，推动创新资源集聚，促进产业升级与城市功能优化；南部地区则根据滨海沿岸的自然条件，分段实施差异化开发策略，实现滨海资源的合理利用与保护。

此外，嘉兴市聚焦城乡国土空间的高质量开发与高品质生态，积极探索城乡规划管理的转型路径。第一，以水乡蛛网结构为脉络，打造水上生活生态融合网络。基于中心放射网络状水上公交线路，实现覆盖市域主要滨河景区、展现历史韵味与城乡特色的水上客运交通体系。第二，以通风廊道为核心，构建"绿地＋通风"生态框架。严控生态底线，中心城区构建"三楔九廊、三环三脉、百园千泾"绿地系统结构，建立城市通风口。第三，聚焦城市韧性建设，增强生态安全保障机制。全面完善嘉兴市综合应急管理、防灾减灾、公共卫生安全保障、重大危险源管控、军事设施体系建设。第四,平衡开发与生态保护,推进高质量产业创新平台建设。面向产业转型升级需求,率先谋求从块状经济传统产业模式向科技创新引领的先进制造业发展模式的转变,打造面向未来的新兴产业体系。支持重点创新平台发展,提升产业平台能级,优化产业空间布局,为高质量转型发展提供空间保障。

2.2.2　嘉兴市城乡规划管理的阶段与经验

1998 年 10 月,江泽民同志在嘉兴市视察时,发出了"沿海发达地区要率先基本实现农业现代化"的号召。自此,嘉兴市开展了统筹城乡发展的早期探索。多年来,嘉兴市经历了城乡发展的四个阶段(图 2-2)。

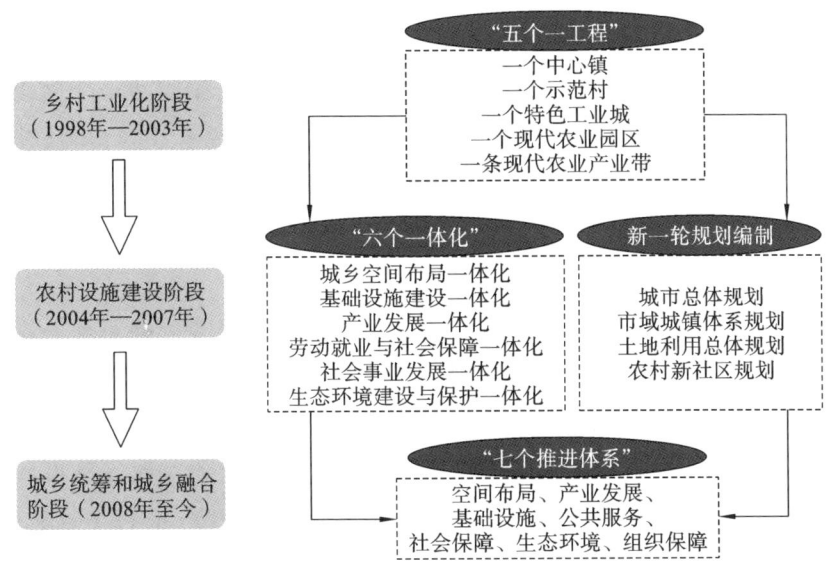

图 2-2　嘉兴市城乡规划管理阶段

1. 乡村工业化阶段

乡村工业化阶段是嘉兴市进行城乡统筹的早期探索阶段。1999 年,嘉兴市制定了《嘉兴市农业和农村现代化建设规划》(嘉委发〔1999〕4号)。2000 年,嘉兴市颁布《关于推进农业和农村现代化"五个一工程"的实施意见》(嘉委发〔2000〕13 号),以县(市、区)为单位,用三年时间,高起点、高标准、高水平地建好一个中心镇、一个示范村、一个特色工业城、一个现代农业园区、一条现代农业产业带,以"五个一工程"的典型示范、辐射带动整个面上的农业和农村现代化建设。2003年,嘉兴在"五个一工程"建设取得明显成效的基础上,全面实施以农业产业化、农村工业化、农村城镇化、农民知识化和环境生态化为主要内容的农业和农村现代化"五个行动计划",把农业农村现代化建设从典型示范拓展到整体推进,城乡经济社会得到了较快发展。

2. 农村设施建设阶段

(1)编制实施嘉兴市城乡一体化发展纲要。

农村设施建设阶段标志着嘉兴市已经进入统筹城乡的全面推进阶段。2004年3月,时任浙江省委书记的习近平同志深入嘉兴市基层进行了为期4天的蹲点调研,明确指出"嘉兴2003年人均生产总值已超过3000美元,所辖5个县(市)在全国百强县中都居前50位,城乡协调发展的基础比较好,完全有条件经过3~5年的努力,成为全省乃至全国统筹城乡发展的典范"。嘉兴市委以2004年1号文件在全省率先出台《嘉兴市城乡一体化发展纲要》,在城乡空间布局、基础设施建设、产业发展、劳动就业与社会保障、社会事业发展、生态环境建设与保护等方面实施"六个一体化",统筹城乡发展开始全面推进。

《嘉兴市城乡一体化发展规划纲要》规定了推进城乡空间布局一体化的主要任务:进一步深化规划体制改革,加强对各类规划的统一管理,强化各类规划的系统性、规范性、有用性和权威性,逐步建立相互配套、衔接、管理有序的规划体系。按照城乡一体化的思路,科学编制完善市域生产力布局规划、城镇体系、镇村规划、土地利用总体规划、水利规划等,加快农村新社区建设步伐,努力构筑城乡联动发展、整体推进的空间发展形态。克服长期条块分割的影响,逐步改变地区之间生产力重复布局、产业结构与城镇职能雷同等不合理现象,进一步优化生产力布局规划。在全市范围内统一规划布局重大产业发展项目、重大公共事业项目、重大社会发展项目,进一步提高资源配置效率和设施共享度。

(2)编制实施新一轮城市总体规划和市域城镇体系规划。

着眼全市3915平方千米,编制和实施好新一轮城市总体规划和市域城镇体系规划,充分发挥各级城镇在人口、物质、资金、观念、信息等各种要素的枢纽与孵化器功能,促进区域经济社会发展。大力发展中心城市,积极培育壮大中小城市,扶持发展中心镇,整合中心村和农村居民点的建设,构筑以市区为中心、一主多副、功能互补的网络型大城市框架。中心城市要努力形成以建成区为核心,周边多个卫星镇为组团的大市区。县城(市镇)要加快建设步伐,力争建设成为现代化的中小城市。继续推进乡镇、村合并工作,强化乡村规划,加快建设一批具有较高水平的中心镇,农村要向规模化方向发展,形成规模效益。到 2005 年城市化水平达到48%,市域中心城市人口规模达到 65 万以上,县域中心城市人口规模达到 10 万~15 万,县(市)域中心镇人口规模达到 3 万~5 万。到 2010 年建成网络型大城市,市域中心城市人口规模达到 100 万以上,县(市)域中心城市人口总规模达到 100 万以上,其中海宁市长安镇、桐乡市濮院镇等省级中心镇人口规模达到 3 万~5 万,全市城市化水平达到 60%以上。

(3)积极完善各级土地利用总体规划,强化土地管理。

坚决实行最严格的耕地保护制度,切实加强对土地开发利用的管理,加强对基本农田的保护和建设,确保粮食生产能力,不断提高土地资源利用率,充分发挥土地资源对经济社会发展的推动作用,实现经济社会发展和土地资源利用相协调。做好新一轮土地利用总体规划修编工作。各级土地利用总体规划要突出重点,优先保证重点发展区域和产业建设用地,引导产业集聚,提高单位土地的利用率和产出率。全面启动农村宅基地整治,鼓励农民自愿退还宅基地,促进农村人口的转移和集中。

(4)强化农村新社区规划建设工作。

按照人与环境和谐发展、体现文化内涵、反映区域特色的总体要求,搞好农村新社区规划,全面推进"百村示范、千村整治"工作。城市和有条件的中心镇要结合城市化和工业化的推进,打破行政界限,按照城市(镇)社区标准建设高标准的农民住宅小区。原则上停止城市、中心镇规划控制区内的农民联建住房建设,改为统一建造城市(镇)住宅小区,实行公寓式安置,避免造成新的"城中村"和"二次拆迁",推动农村人口向城市(镇)集聚。对离城市(镇)较远的农村地区,要区别村庄的不同情况,对村庄实施建设性、整治性或萎缩性管理,通过适当兼并自然村,改造旧村庄,拆除空心村等工作,强化中心村的规划建设,推进农村新居建设的集聚和配套服务设施建设,不断提高农村居民生活质量。

3. 城乡统筹和城乡融合阶段

(1) 城乡统筹阶段。

党的十七大强调要统筹城乡发展,建立以工促农、以城带乡长效机制,形成城乡经济社会发展一体化新格局。浙江省委、省政府将嘉兴市列为全省统筹城乡综合配套改革试点区,明确要求嘉兴市加快推进统筹城乡综合配套改革,建设成为带动作用强、统筹水平高、体制机制活的统筹城乡发展先行区。时任省委书记赵洪祝在嘉兴市调研时,提出嘉兴市要在推进城乡一体化方面取得更好的成效,积累总结出更多的经验。同时,经过几年的实践与探索,嘉兴市已基本建立起城乡一体化的推进体系和推进机制,《嘉兴市城乡一体化发展规划纲要》提出的阶段性工作目标任务已基本实现,总体上具备了向新的阶段迈进的条件和基础,统筹城乡发展、推进城乡一体化进入了新阶段,正面临前所未有的机遇和挑战。嘉兴市委、市政府审时度势,作出了打造城乡一体化先行地这一决策部署,2008 年,嘉兴市委 1 号文件印发了《嘉兴市打造城乡一体化先行地行动纲领(2008—2012 年)》,明确提出全面实施空间布局、产业发展、基础设施、公共服务、社会保障、生态环境、组织保障等七个推进体系。

此时,建立城乡一体空间布局推进体系的主要任务得以提出:①基本建立城乡全覆盖的规划体系;②基本建成现代化网络型大城市;③中心城市和副中心城市的集聚辐射功能再上一个新台阶;④市镇的建设水平明显提高;⑤农村新社区布局更加合理。

嘉兴市正在转型进入城乡融合阶段。主要为"两分两换"政策实施及推动"1640＋X"的城乡统筹布局模式两个部分。第一,"两分两换"是指按照"土地节约集约有增量,农民安居乐业有保障"的总体要求,以农业生产经营集约、农村人口要素集聚,切实提高农民生活水平和生活质量为根本目的,将宅基地与承包地分开,搬迁与土地流转分开,以承包地换股、换租、换保障,推进集约经营,转换生产方式;以宅基地换钱、换房、换地方,推进集中居住,转换生活方式。第二,推进农村居住布局从自然松、散、乱形态向科学规划布局形态转变,节约集约利用土地资源,促进农业规模经营,推进城镇化,改善农村生产生活条件和生态环境质量。

（2）城乡融合阶段。

当前,嘉兴市以城带乡,基础设施、公共服务设施向乡村延伸的路径清晰、方法成熟,已经被全国各地广泛学习并结合各自特色发挥运用,这种经验方法在拉开地区间差距上的边际效应逐渐减弱。近两年在嘉兴市委、市政府的坚强领导下,嘉兴市已经出现一些品质化、高收益的创新产品,嘉兴市的城乡融合有条件从单向反哺向城乡互促,更加注重效率的新阶段迈进,继续在理念、方向和成效上保持引领。

一是嘉兴市有条件从"重硬件,以设施下乡补短板"迈入"重软件,以人才科技拉长板"阶段。嘉兴市从城乡"六个一体化"的提出到"十改联动"的城乡统筹,均侧重于项目建设"硬设施"的提升,主要目标是补齐农村基础设施及公共服务短板,2022—2024年累计投入乡村振兴资金246.49亿元,但用于人才培养的仅有5194.72万元。新时期应迈入"重软件"的阶段,通过人才科技对城乡产业链的融合与整合,拉长嘉兴市创新与人才优势的城乡融合新长板。例如,秀洲区蒋超博士通过"专家＋创客团队＋农户"的农创客共富基地模式,跨界干米业,联合新塍镇米厂及5家农民合作社,打造产供销一体化的稻米"全产业链",形成"新塍大米"区域公共品牌。2024年成功管理5万亩的订单农业,创造2亿元营收,带动农业提质增效。支撑高标准田的流转价格,为村集体增加创收50万元以上。收购稻谷及小麦3万余吨,收购金额达到了6000余万元,全方位助力村集体和农民增收致富。

二是嘉兴市有条件从"土地流向城市、资金反哺农村"的单循环阶段迈入"城乡优地优用、高质同效"的阶段。以往的土地利用方式局限于由乡向城单向流动,通过征用土地在城市中获得高价值出让收益,又通过政府投资用于乡村建设。这种方法收益高,但是成本也高,建设周期长,更加广阔的农用地资源和集体建设用地没有发挥更大作用。新时期应促进土地要素按照价值规律精准配置自由流动,优地优用、盘活使用,促进每一寸土地高效利用。如在国土空间总体规划中,秀洲区通过盘活存量、精准增量,优化空间配置,其中,用于机场及配套建设的土地达6000多亩,用于交通、市政等设施建设的土地有近5000亩,用于城镇特色产业平台发展的土地达6500多亩,用于农业现代化的产业用地为1500多亩,不仅保障重大基础设施项目建设以强化主城区,也同步发展新型城镇化的城镇特色产业园区,农业现代化的收益也将逐步实现自我供血,收益实现良性循环。

2.2.3 新时期下城乡空间布局研究

1. 新时期下城乡规划管理存在的问题

（1）枢纽地位不突出,创新转换动能不足。

嘉兴市枢纽地位与地理交通区位不匹配,沪嘉通勤联系度远低于沪苏联系,通勤流入量仅为沪苏的十五分之一,流出量的五分之一,嘉兴市枢纽客流量仅为苏州的13%。产业结构中化工、纺织等传统产业占比较高,战略性新兴产业比重有待提升,在长三角中心区27个城市中万人高等在校生数排名处于中游位置。

（2）空间布局分散,用地效率有待提升。

嘉兴市空间要素布局相对分散,全市5亩以下农田占比10%,高于全省平均占比,农业、生态、乡村、城镇用地交错分布,削弱了空间系统性与整体效能。资源要素向优势地区投放不足,长三角G60科创走廊沿线经济与人口增长较快,但城镇开发强度不高。2020年嘉兴市全市亩均地区生产总值29.30万元,低于全省平均值,且与苏南城市相比差距较大。农村地区建设用地存在"人减地增"的情况,人均村庄建设用地面积较高。

（3）嘉兴市区首位度较低,市域统筹不足。

嘉兴市城镇发展布局分散,市区人口、经济集聚带动作用不突出,市区生产总值仅占市域27%,人口占比为28%,均居全省倒数第3位。嘉兴市是浙江模式的发源地之一,块状经济特征突出,城镇、产业园区规模小、布局散,协同发展不足,亟待统筹优化。

（4）公共服务水平不高,高品质需求空间供给不足。

嘉兴市城市社区文化活动设施步行15分钟覆盖率为83.03%,每10

万人拥有的博物馆、图书馆、科技馆、艺术馆等文化艺术场馆数量为26.85个,与长三角其他重要城市相比仍有差距。优质教育、医疗、养老、文化设施供给不足。吸引高端人才的科创产业、战略性新兴产业和高效产出的区域空间资源供给不充分。

(5)海洋生态空间品质有待提升。

因长期受长江、钱塘江等大江大河携带入海污染物的影响,嘉兴市水体自净能力相对较弱,全市近岸海域海水环境形势依然严峻。互花米草的入侵影响了杭州湾北岸滩涂湿地的生态多样性,滩涂湿地的生态价值和景观价值仍有待提升。

2. 新时期下城乡规划管理对策研究

(1)统一空间规划体系。

建立空间规划体系。建立以发展规划为统领,空间规划为基础,专项规划、区域规划为支撑,城市设计为指引的规划体系,加强建设发展定性、定量、定型的有机衔接,实现一张蓝图绘到底。建立健全的国土空间规划传导机制,做到总体规划统筹同级专项规划、详细规划,下位规划服从上位规划。

统一政策法规和技术标准。建立部门协同、衔接配套的政策法规体系,加快推进国土空间规划相关规范性文件的制定工作,确保国土空间规划全面纳入法治轨道。建立科学规范、市域一体的技术标准体系,加快制定并完善各类规划技术标准和规定,建立全市统一的技术标准体系。

编制三级三类规划。加快编制市、县、镇三级和总体规划、详细规划、相关专项规划三类规划。市国土空间总体规划是为实现"两个一百年"奋斗目标制定的全市空间发展蓝图和战略部署。县(市)国土空间总体规划是对县域国土空间开发保护利用的具体安排和综合部署。镇国土空间总体规划是对上级国土空间总体规划以及相关专项规划的细化落实。详细规划是对具体地块用途、开发建设强度和管控要求等作出的实施性安排,包括城镇开发边界内的详细规划和城镇开发边界外的村庄规划。相关专项规划是在特定地区、特定领域为实现特定功能对空间开发保护利用作出的专门安排。

49

优化规划编制审批。县(市)国土空间总体规划由县(市)政府组织编制,经同级人大常委会审议后,逐级上报省政府审批。镇土空间总体规划由镇政府组织编制,中心城区范围内的镇国土空间总体规划经同级人大常委会审议后,逐级上报省政府审批,其他镇国土空间总体规划逐级上报市政府审批。专项规划由行业主管部门牵头组织编制,经相关部门联合审查后报同级政府审批。城镇开发边界内的详细规划由市、县(市)自然资源规划部门组织编制,报同级政府审批;村庄规划由镇政府组织编制,报上一级政府审批。

完善两级三类城市设计。加快编制市、县两级和总体城市设计、特定区域城市设计、详细城市设计三类城市设计。市域总体城市设计是从全域角度对城镇特色、文化传承、风貌管控提出规划要求。市区和各县(市)总体城市设计要划定城市景观风貌重点管控区域,提出景观风貌要素的引导和控制要求。重点平台、重要区域要编制特定区域城市设计,对城市局部地区的土地利用、公共设施、景观风貌等做进一步规划安排。重点地段、重要地块和重要节点要编制详细城市设计,细化总体城市设计和特定区域城市设计提出的控制和引导要求。各类城市设计报市、县(市)政府审批。

(2)强化区域统筹协调。

全力打造"三城一地"。嘉兴市应对接省"长三角世界级城市群金南翼"建设,落实"大通道"建设的要求,打造长三角核心区枢纽型中心城市;对接省"长三角创新发展增长极"建设,落实"大都市区"建设的要求,打造面向未来创新活力新城;对接省"长三角幸福美丽大花园"建设,落实"大花园"建设的要求,打造国际化品质江南水乡文化名城;对接省"长三角改革开放引领区"建设,落实"大湾区"建设的要求,打造活力开放高质量发展的示范地,努力把嘉兴市建设成为长三角城市群、杭州湾北岸一颗强劲活跃的璀璨明珠。

依托主体功能区强化市域统筹。以镇为单元在全市划定主体功能分区,依据功能定位,在市域范围内强化统格局、统平台、统底线、统要素、统设施"五个统筹",强化全域空间要素的协调和管控,强化基础设施和公共服务设施的全域对接和合理布局,强化重大平台的协同发展,加快形成市域一体的国土空间保护利用格局。

打造区域一体的公共服务体系。按照国际化标准建设高品质公共服务设施,构建与上海、杭州互联共享的公共服务体系。加快教育、医疗、文化等方面沪嘉、杭嘉公共服务一体化项目建设,力争各项服务指标达到或接近上海和杭州标准,实现中心城区 15 分钟生活圈 100% 全覆盖、400 平方米以上绿地广场 5 分钟步行可达全覆盖。

(3) 严格规划实施监督。

加强国土空间规划实施衔接。充分衔接国民经济和社会发展规划,加强与年度投资计划、土地供应计划有效对接,合理编制国土空间规划年度实施计划。开展土地节约、集约利用再提升专项行动,改进土地利用计划管理方式,加强评价考核,提高空间资源配置效率。加强对计划供应土地的城市设计指引,探索建立带设计方案出让土地形式,强化对城市整体风貌和形态的管控。

强化国土空间规划实施手段。坚持山水林田湖海生命共同体理念,大力实施全域土地综合整治和生态修复工程,促进国土空间形态集约集聚。全面实施城市有机更新行动,统筹地上及地下空间综合利用。深化资源要素配置市场化和"亩均论英雄"改革,推进实现"优地优用"。建立年度规划督查机制,严格执行违反规划行为责任追究制度,维护规划权威性和严肃性。

落实国土空间规划用途管制。建立"三区三线"长效管控机制,管牢生态保护红线,杜绝违法建设,严控边界;管紧永久基本农田,全面落实永久基本农田特殊保护制度,严禁违规占用耕地,严格落实耕地占补平衡制度;管住城镇开发边界,强化总量控制,建立边界内外用地开发保护联动机制。

开展规划实施监测评估预警。按照"一年一体检、五年一评估"的要求,建立完善的规划实施监测评估预警体系,科学设置规划执行评估指数,对总体规划主要目标、空间布局、"三区三线"、约束性指标等落实和执行情况实行常态化监测体检和预警。建立完善规划能力评估指数,对规划的科学性、动态适应性进行评估,并根据评估结果适时调整完善国土空间规划。

（4）提升国土空间治理能力。

建立资源要素市域统筹机制。以市域一体试点改革为契机,对永久基本农田、建设用地空间等约束性指标实行市域统筹分配,提升国土资源要素市域统筹配置能力。以市域空间格局和主体功能分区为指引和依据,统筹推进国土资源要素向市国土空间总体规划确定的重点区域、重大平台集聚,形成国土资源安排与空间格局匹配一致的布局,实现全域国土资源统筹高效配置。

建立县（市）规划市级审查机制。强化嘉兴市自然资源规划部门对全市空间规划的统筹协调力度。各县（市）国土空间总体规划和总体城市设计在报批前应报市自然资源规划部门进行审查,明确强制性管控内容,统一数据标准,并纳入全市国土空间规划"一张图"管理。各县（市）详细规划应按统一数据标准汇交市自然资源规划部门,坚决杜绝详细规划改总体规划、下位规划改上位规划的现象。

建立重大建设项目市级统筹机制。推进市域重大基础设施和公共服务设施规划建设"一盘棋",重大建设项目的选址须征求嘉兴市自然资源规划部门意见,协调解决跨区域项目建设的各类矛盾,实现基础设施互联互通和优质公共服务设施共建共享,避免"邻避"效应。

建立城市景观风貌市级管控机制。进一步强化城市景观风貌设计和管理,各县（市）重点平台、重要区域的特定区域城市设计须征求嘉兴市自然资源规划部门意见,提高设计水平,改善空间品质,彰显城市地域特色、时代特征、人文精神和艺术品位。

建立空间规划编制计划管理机制。实行规划编制年度计划管理制度,市级部门和市本级各区政府组织编制的涉及国土空间开发保护的规划编制项目,应纳入市空间规划编制年度计划进行管理。各县（市）涉及国土空间开发保护的规划编制项目,应纳入各县(市)空间规划编制年度计划,并报市自然资源规划部门备案。自然资源规划部门负责提供规划编制的空间基础数据,各规划编制组织单位负责规划项目编制全程跟踪管理和成果质量管控。

建立各类用地全生命周期管理机制。优化建设用地全生命周期管理,明确全要素管理要求,经营性用地要落实规划公共要素,加强物业持有管理和功能业态引导;产业用地要加强产业准入、绩效评估和土地退出监管;划拨用地要加强公益用途管制。完善集体建设用地全生命周期管理,明确集体土地开发利用监管的责任主体、内容标准、程序方式和处置措施。探索农用地全生命周期管理,以提升耕地、湿地、水域等自然资源的综合承载能力和生态功能为目标,细化监管要素、监管标准,探索有效的监管方式。

建立国土空间规划"智治"机制。建立各部门共建共享共用、全市统一、市县(区)联动的国土空间基础信息平台,并以此为数据支撑,建设"市级统建、分级部署、特色创新、一体管理"的国土空间规划"一张图"实施监督信息系统。依托信息系统,支撑规划编制、优化行政审批、有效实施监督,实现国土空间治理的全流程智慧化闭环管理,提高国土空间精治、共治、法治、智治水平。

完善国土空间规划委员会议事制度。市、县(市)要完善国土空间规划委员会制度,报市、县(市)政府审批的各类规划和重大建设项目设计方案,必须先经规委会审议。健全完善各类规划和建设项目设计方案的专家评审制度,建立多领域、跨行业专家库,充分发挥专家的专业优势。探索推行城市总规划师制度,完善驻镇(驻村)规划师制度,提升规划设计管理水平。

(5)保障措施。

加强组织领导。各级党委、政府要高度重视国土空间规划工作,党政主要负责人要亲自抓,自觉落实国土空间规划工作主体责任,努力把每一寸土地都规划得清清楚楚,实现一张蓝图干到底。要加强督查考核,把国土空间规划的编制和实施情况列入市委、市政府重点督查内容,纳入年度目标责任制考核。市级相关部门要加强配合,加大对本行业、本领域涉及的空间布局相关规划的研究和管理。

强化人才保障。各级组织和人力社保部门要加强规划行业人才引进,落实人才待遇,优化规划行业企事业单位职称结构,大力支持自然资源规划系统干部人才队伍建设。自然资源规划部门要加强队伍建设,改善人才结构,提升人才素质,锻造一支政治过硬、作风优良、业务扎实、勇于创新的规划专业队伍。各级市场监管、税务等部门要加大对规划编制和设计单位的政策支持,为规划编制和设计单位开展工作提供有利条件。

扩大公众参与。贯彻落实"人民城市人民建,人民城市为人民"理念,坚持开门编规划、开门管规划,建立全流程、多渠道的公众参与和社会协同机制。加大对国土空间规划的宣传力度,广泛征求社会各界意见,积极回应社会关切问题,广泛凝聚社会共识,增强规划的公开性和透明度。

2.3 嘉兴市城乡产业的深度融合与协同发展

2.3.1 城乡产业发展的主要内容

统筹城乡产业发展,就是要促进三次产业在城乡之间合理布局,包括产业的分工,产业相互之间的联系,企业发展的政策环境、要素配置、经济发展水平等;就是要采取推进城乡产业融合、构建城乡产业发展平台、确定统筹城乡发展的枢纽产业等措施,推进和提高农业产业化和现代化水平。

农产品加工及流通业,一头连着工业、城市和市场,一头连着农业、农村和农民,是加强城乡产业联系和促进城乡良性互动的重要载体,具有很大的发展潜力。因此,统筹城乡产业发展,应将着力点放在发展农产品加工及流通业上,积极扶持农业龙头企业发展壮大,引导和鼓励其与农户之间建立紧密的利益联结机制,推动农业产业化进程;把农产品加工及流通业作为县域经济发展的重点,引导企业向工业园区集聚,通过发展农产品加工及储运、销售,促进农业的区域化合理布局和农业科技成果的推广应用,加快农业现代化进程。

2.3.2 城乡产业发展的阶段与经验

1. 乡村工业化阶段

嘉兴市统筹城乡发展、推进城乡一体化经历了不断丰富和完善的发展历程。尤其是 1998 年以来,党和国家领导人及省级领导先后对嘉兴市的农业农村工作和统筹城乡发展、加快推进城乡一体化工作作出重要指示、提出殷切期望。在中央和省委、省政府领导的关心和指导下,嘉兴市坚持解放思想,牢牢把握嘉兴市所处的历史方位,深刻认识推进统筹城乡发展对嘉兴市经济社会发展的深远意义,创造性地贯彻落实中央和省委的战略决策部署,研究制定并全面实施了一系列的战略规划和重大决策,统筹城乡发展不断向纵深推进。

1999 年,嘉兴市制定了《嘉兴市农业和农村现代化建设规划》(嘉委发〔1999〕4 号),2000—2003 年,实施了《关于推进农业和农村现代化"五个一工程"的实施意见》(嘉委发〔2000〕13 号),并取得成效。

当时,全市的农业和农村现代化建设尚处在起步阶段,农业和农村的发展还面临着一些突出的矛盾和问题:农业基础设施薄弱,农业保障机制发展滞后,农业抗御自然风险的能力还不强;农业产业化经营水平较低,龙头企业、龙头组织发展缓慢慢,信息和流通服务滞后,农业抗御市场风险的能力还不强;乡镇企业的结构性、机制性、素质性问题比较突出,农业发展的资源约束加大。针对现状,嘉兴市提出要采取切实有效的措施,努力加快全市农业和农村现代化建设步伐。

在统筹城乡产业方面,嘉兴市确定了一系列措施。

(1)稳定农村基本政策,深化农村改革。在坚持和稳定土地承包权的基础上,实行土地使用权流转;调整优化农业结构,大力发展效益农业。

包括稳定发展粮食生产、大力发展经济作物、稳步发展畜禽业、大力发展水产养殖业、巩固提高蚕桑生产。

（2）推进农业产业化经营,提高农业社会化服务水平。包括大力发展农业龙头企业、加强农产品基地建设、扩大农业对外开放、积极发展多种形式的专业合作组织、完善农产品市场体系、发展农业服务产业。

（3）实施科教兴农战略,提高农业科学化和机械化水平。包括推进新的农业科技革命、全面实施"种子工程"、加快先进适用技术的引进和推广、建设高素质的农业科技队伍、加快农业机械化进程。

（4）加强农业基本建设,改善农业生产条件。包括加强水利建设,提高抗御自然灾害能力,进一步加强农业综合开发,开展土地整治,建设高标准农田,加强生态环境建设,依法保护和合理利用农业资源。

（5）多渠道增加农业投入,健全农业的支持保护体系。包括建立多渠道、多元化的农业投入机制,建立科学有效的农业调控和保护体系,加快发展农用工业,提高农业装备水平。

（6）加快农村二、三次产业发展,提高农村经济整体素质。包括深化乡镇企业改革,建立新的运行机制,加快结构调整,实现产业升级,创造平等竞争的环境,大力发展个私经济,积极发展农村三次产业,发展壮大村级集体经济。

在推进"五个一工程"中,为加快全市农业和农村现代化建设步伐,特别强调高起点、高标准、高水平地建设好一个中心镇、一个示范村、一个特色工业城、一个现代农业园区、一条现代农业产业带。"五个一工程"具有很强的综合性,既包含了农村的一、二、三次产业,也涵盖了农业和农村工作的方方面面;既有质的定性,又有量化指标。抓好"五个一工程",就能在一定区域范围内实行统一布局,合理规划,依靠科技进步,形成规模优势和经济特色,不断提高市场竞争能力。加快农业和农村经济结构的战略性调整,促使全市农业和农村经济不仅具有量的集聚和扩张,更重要的是实现质的提升和跃进。其中,如特色工业城,要求必须是规模较大、产业集聚度高、有创新能力、产品在国内外市场有较大的影响力和覆盖率,能带动一方经济发展,有地方特色的现代工业园区。现代农业园区要求必须是面积较大,园区内田地平整,道路硬化畅通,科技含量高,服务体系完备,运行机制健全,示范效果好,经济、社会和生态效益明显,能代表先进生产水平的农业示范园区。现代农业产业带要求必须是实行区域化布局、专业化生产、产业化经营,主导产业形成较大规模,主导农产品品质优良、市场广阔,效益明显,集中连片面积大或区域延伸较长的农产品生产带。为促进产业发展,嘉兴市明确指出要进一步深化农村改革,建立健全土地流转机制;调整优化农业生产结构,推进农业产业化经营;大力发展个私经济,培育农村区域特色经济。

2. 城镇工业化阶段

嘉兴市提出,要统筹城乡发展,统筹区域发展,推动城乡产业发展一体化进程,充分发挥区域经济的"集聚效应"与"扩散效应",构筑城镇与产业结构布局合理、市场体系完善、政策制度一体、信息资源共享、交通体系完备的区域经济共同体。一是打破行政区划界限,从更宽领域、更高层次合理配置区域资源。二是加快传统农业向现代农业的跨越。重点发展设施农业、都市农业、观光休闲农业、外向型农业、生态型农业,不断提高农业经济功能,强化农业生态功能,拓展农业社会文化功能,努力为城乡居民提供更多、更好的优质安全食品,大力提高农业比较效益,增强农业的竞争力。三是实施以中心工业园区为核心的集中工业化战略。科学规划、合理开发、全力构筑新一轮发展载体,把园区"做特、做强、做优",积极引导相对分散的同类企业进行集聚,加快农村工业化步伐,发挥产供销群体优势,逐步形成规模化、特色化、生态化的园区发展新格局,创造块状经济发展新优势。四是大力发展现代物流业和旅游业。依托区位和交通优势,积极改造提升传统商贸业,培育和发展一批规模大、辐射力强的大型专业市场,建设一批现代物流园区,形成大市场、大贸易、大流通格局。以构筑"六区一带一网"大旅游格局为目标,以景点开发、星级酒店、旅行社、旅游集散中心、会展中心等建设为载体,打造一批旅游精品,推动旅游业的发展。五是促进三大产业在城乡之间的广泛融合,努力实现城乡经济共同繁荣。中心城市要努力在金融、商贸、旅游、信息、教育、交通运输、科技文化和外贸口岸等领域完善功能，发挥龙头作用，提升竞争力。各级中心镇要努力成为各种要素流动的枢纽和创新的孵化器。农村要以农产品加工业为核心的农业龙头企业的发展，各类合作经济组织的发展为重点，推进农村经济集约化进程，逐步实现城乡经济的对接。

工作中以建设招商引资大平台为支撑点，夯实城乡一体化的经济基础。一是做好"前沿阵地"文章，将自然区位优势进一步转化为现实经济优势。二是加快环杭州湾产业带嘉兴产业区的建设，加大园区整合力度和运行机制创新力度，大力发展开放型经济，进一步夯实城乡一体化的经济基础。以沿海、沿路开发为重点，强化"一极"，即以科技工业园和临港工业园为组成部分，设立杭州湾嘉兴经济开发区，突出"五区"，即嘉兴市中心产业集聚区、临海产业集聚区、临沪产业集聚区、临杭产业集聚区、临苏产业集聚区，建设"十八园"，即多种特色产业园等，使之成为嘉兴产业区建设的重要依托。

统筹城乡产业发展取得明显成效：三大产业间融合互动趋势明显，一体化的城乡产业格局初步形成，农业产业结构持续优化，生态高效都市型现代农业发展取得阶段性成效，新型工业化战略大力实施，工业结构不断优化，三大产业加快发展，现代服务业体系逐步构建。

3. 城乡统筹阶段

嘉兴市提出：协调发展城乡产业，加快形成分工合理、优势互补、发展协调的城乡产业布局体系，加快发展生态高效都市型现代农业，深入实施新型工业化战略，加快发展现代服务业，推进三次产业在城乡之间广泛融合互动、协调发展。

统筹城乡产业发展体系的主要内容是：基本形成城乡一体的产业布局体系。生态高效都市型现代农业框架基本形成，初步建成长三角休闲观光基地、优质农产品供应基地、农产品出口加工基地、种子种苗生产基地和农产品物流中心。工业结构更加优化，工业功能区和产业集群培育加速发展，中小企业创业平台不断扩大，企业自主创新能力进一步提升，资源利用水平和产出效率进一步提高。生产性服务业大力发展,生活性服务业继续壮大,新兴服务业态加速发展。

加快形成分工合理、优势互补、发展协调的城乡产业布局体系,推进三次产业在城乡之间广泛融合互动、协调发展。加快发展生态高效都市型现代农业,拓展农业综合功能,增强市场竞争力。继续优化产业结构,壮大主导产业,发展休闲观光农业等新兴产业。重点加强农产品质量和安全、农产品加工、农产品流通和农业科技开发应用等领域建设,不断提升农业产业化、组织化水平,提高土地产出率、资源利用率和农业劳动生产率,提高农业整体水平。深入实施新型工业化战略,推动工业经济又好又快发展。加快推进工业园区和乡镇工业功能区建设,推动产业集聚、集约、集群发展。加快发展临港工业、高技术产业、装备制造业和传统特色优势产业四大产业集群,优化工业产业结构。大力推进中小企业创业平台建设,做强、做精中小企业。加快发展工业循环经济,科学、合理利用资源,促进质量与速度协调发展。加快发展现代服务业。大力发展金融、现代物流等生产性服务业,培育、改造和提升一批规模大、辐射力强的大型专业市场,形成大市场、大贸易、大流通的格局。顺应城乡居民生活方式转型升级的趋势,加快发展全面小康型的消费服务,增强消费对经济增长的拉动力。

建立统筹城乡产业发展推进体系的主要目标:深入实施新型工业化战略,大力发展先进制造业,加快发展现代服务业,积极发展生态高效都市型现代农业,促进三次产业融合互动,加快形成优势互补、分工合理、发展协调的产业布局体系。

(1)农业发展目标:嘉兴市基本形成"四基地一中心"的生态高效都市型现代农业框架,加快打造长三角休闲观光基地、优质农产品供应基地、农产品出口加工基地、种子种苗生产基地和农产品物流中心,使嘉兴市农村地区成为城乡进一步融合、特色优势明显、水乡文化浓郁、生态环境优美、农民生活富裕的现代新农村。

(2)工业发展目标:深入实施新型工业化战略,大力培育高新技术产业,着力发展装备制造业,集聚发展临港工业,改造提升传统特色优势产业,加快产业结构调整优化,加速产业集群培育发展,着力完善中小企业创业平台,着力提高单位资源的利用水平和产出效率。

(3)服务业发展目标:大力发展生产性服务业,继续壮大生活性服务业,重点发展大型专业市场和现代物流业、旅游休闲业、房地产业、职业技术教育和信息科技五大行业。

4. 城乡融合阶段

加快建立促进城乡产业互动发展的体制机制,提升城乡融合发展的水平。经过3~5年的努力,实现更高质量的城乡融合发展、更高水平的城乡收入倍差,嘉兴市农村居民收入保持全省第一,常住人口城镇化率年均增长0.5%左右;区域高质量均衡发展卓有成效,与长三角先发城市的差距不断缩小,中心城区首位度全面提升,GDP占全市比重达到30%左右;收入差距进一步缩小,中等收入比重不断扩大,全员劳动生产率显著提升。

(1)保障长三角G60科创走廊创新集聚功能。嘉兴市应主动对接上海市具有全球影响力的科创中心建设,融入杭州市数字经济创新高地建设,建立以长三角G60科创走廊为核心的长三角科技成果转化高地、科创金融一体化服务基地和高新产业集聚地,建设以南湖亚太路为核心的嘉兴市长三角G60科创走廊环城科创带。支持浙江清华长三角研究院,中国电子科技南湖实验室、南湖研究院、北京理工大学长三角研究院等创新载体建设,支持嘉兴大学"创大争一流",推进浙江大学国际联合学院(海宁)国际合作教育样板区建设,推动嘉兴南湖学院建设特色鲜明的应用型高校,推进国家高新区"一区多园"建设,重点打造嘉兴南湖高新技术产业园、秀洲天鹅湖未来科学城、祥符荡科创绿谷、平湖市明湖科创文化园、海宁市鹃湖国际科技城、乌镇大道科创集聚区等科创主平台,加强高端科创要素资源集聚培育,促进与各类开发区(园区)的协同联动。

(2)保障产业用地空间。突出主园、整合多园,积极引导外围零散工业区和企业向平台集聚或开展连片改造。构建市域14个重点产业平台建设,包括嘉兴经济技术开发区、浙江乍浦经济开发区、嘉兴南湖高新技术产业园区、嘉兴高新技术产业开发区、嘉善经济技术开发区、嘉善通信电子高新技术产业园区、平湖经济技术开发区、浙江独山港经济开发区、浙江海盐经济开发区、浙江百步经济开发区、浙江海宁经济开发区、海宁高新技术产业园区、浙江桐乡经济开发区、乌镇大数据高新技术产业园区。强化制造强市定位,确保未来工业用地稳中有升,确保制造业项目用地不低于年度计划指标的30%,保障省级及以上开发区、高新区建设用地供给,提高高能级平台要素保障能力。纵深推进"腾笼换鸟",全面深化"亩均论英雄"改革,加快推进淘汰落后攻坚行动,提升新招引重大制造业项目亩均投资强度,强化土地利用效率和产出效益。强化工业用地节约、集约利用,保障数量不减少、质量要提升,至2035年,园区集中工业用地不突破工业用地控制线边界,并控制边界内非工业用地面积比例。严格管控控制线外工业项目,分期清退低散乱工业用地,逐步引导向产业园区集聚。

（3）健全土地流转机制。探索土地承包权与经营权相分离的体制改革,试行农村土地永久性承包权制度,进一步明确农民土地承包权的物权性质。大力培育农村土地流转市场,搭建土地流转交易平台,促进农村承包土地规范、有序流转。进一步完善促进农村土地加快流转的激励机制,开展设施农业和畜禽、水产养殖用地视同农业用地的改革试点,吸引工商资本、社会资本投资现代农业,促进土地向种养能手、专业大户、龙头企业集中。

（4）完善现代农业服务体系。健全现代农业经营主体培训机制,大力培育有文化、懂技术、会经营的新型农民,提高农民发展现代农业、加快致富的能力。创新农民专业合作社、行业协会的运作机制和服务体制,开展农民专业合作社、供销合作社、信用合作社"三位一体"的改革试点,探索建立市、县(市、区)、镇三级新型农村合作经济组织联合会,创新服务方式,完善服务功能,构建政府和专业合作社之间指导、协调、交流、合作的平台,实现千家万户小生产与千变万化大市场的有机对接。

（5）建立二、三次产业集聚集约发展的机制。按照经济流向、区域条件,调整优化开发区、工业功能区的布局,完善服务功能、提升集聚能力。加快国有企业战略性调整,推进国有资本向重点区域和优势产业集中。加快推进政府引导、企业主体、社会参与的共性技术创新服务平台建设,依托高校和科研院所,建立多种模式的产学研合作创新组织,打造长三角地区先进制造业基地。制定出台激励生产性服务业快速发展的政策,培育具有区域特色的现代服务业,充分发挥区位优势,吸引跨国公司在嘉兴建立采购、物流配送中心,打造长三角区域物流中心。

（6）建立环境优化经济增长的机制。健全环评和环保准入机制,探索培育专业化、社会化的环境保护监管机构。全面实施污染物排放总量控制制度,深化排污权交易制度改革,探索开展工业和农业、城市和农村相结合的排污权交易改革试点,进一步加大农村环境保护力度,实现可持续发展。

（7）创新发展地方金融。大力发展农村金融机构,积极开展设立小额贷款公司和村镇银行改革试点。创新金融产品,探索建立农户小额信用贷款制度,探索开展农村住房产权和土地承包权抵押贷款试点,开展无形资产质押试点,开展财政支农资金与信贷相结合的改革试点,探索开展中小企业联保贷款改革试点,加快设立政策性、商业性、互助性相结合的贷款担保机构。加快设立创业投资公司。

（8）构建新型农村风险防范体系。按照"政府补助、农户自愿、市场运作"的方式,加快建立多层次、广覆盖的政策性农业保险体系。进一步完善政策性农业保险制度,扩大农户覆盖面,扩大保险品种,提高保障标准。全面实施政策性农村住房保险制度。加快探索建立政策性农民自主创业保险制度,探索开展商业信贷与保险联动的改革试点,加快建立农业贷款风险补偿制度。

2.3.3 新时期城乡产业融合发展研究

1. 新时期城乡产业发展存在的问题

城乡 GDP、人均 GDP 均已达到较高水平,说明城市工业化与农村工业化带来了经济的繁荣,但城市 GDP 竞争力不强说明城市与农村工业均在较低的层次与发展阶段,简单的、以成本优势为主的加工业在经济中的贡献率较高。

由于嘉兴市城市产业层次较低,传统劳动密集型产业仍然起主导作用,就业人口的工资水平不高,表现出大部分企业工人为外来务工人员,本地农村居民就业相对较少或不稳定。同时"小富即安"的思想依然阻碍了本地居民的创业热情,本地农村居民大部分是一边务农一边打零工。

城乡人均收入差距已经较低,但缩小的趋势已大大放缓。城市化水平仍然滞后于工业化,预示着如果城乡不能实现共同跃迁,则城乡人均差距无法继续缩小。按照发达国家经验,只有城市化水平超过 70%,城乡人均收入差距才会再次大幅缩小。

城乡恩格尔系数差异不大,但城市化水平不高,说明无论城市与农村都存在低端消费服务供给过剩而高端消费服务供给不足的情况。

2. 新时期城乡融合产业发展对策研究

(1)完善"大产业"支撑体系。嘉兴市要做大做强经开区、高新园区、特色小镇等高水平专业化支撑平台,加快推动产城融合、示范引领。大力培育"135N"先进制造业集群,做优做强新材料、新能源、高端装备等新兴产业,统筹推进传统产业转型升级和未来产业前瞻布局,深化国家级服务型制造示范城市建设,进一步强化城乡产业协同和两业融合。深化产业链"链长+链主"制,因地制宜培育一批具有核心竞争力的专精特新企业和龙头企业,充分发挥主导产业、企业带动居民就业增收作用。

(2)构建"大农业"经营体系。嘉兴市应提档升级农业经济开发区等乡村产业平台,深化农业标准地改革,深入实施农业"双强"行动。培育壮大黑猪、稻米等"土特产"全产业链,发展农业生产性服务业、农特产品精深加工和储运,拓展农产品电子商务、休闲农业和乡村旅游等新业态,做优"嘉田四季"等公用品牌。推进农村集体经济组织管理集体资产、开发集体资源、发展集体经济、服务集体成员的职能改革,构建完善产权明晰、分配合理的市场化运行机制。深化生产供销信用"三位一体"改革,健全社会化为农服务体系，畅通工业品下乡和农产品进城双向通道。

（3）拓宽"大就业"增收渠道。嘉兴市应完善就业创业体制机制，推动就业指导服务下基层，强化职业技能培训。深入实施"农民共富十法"，提质增效"飞地抱团"和共富体项目，推进共富工坊标准化、品牌化建设和专业化市场化运营，带动更多农民就地、就近就业及创业，着力提高农村劳动力在二、三次产业就业的质量。持续拓宽城乡居民增收渠道，健全农民利益联结和收益分配机制，完善新一轮新型农业经营主体扶持政策，鼓励通过订单收购、保底分红、股份合作等形式强农、惠农、富农。

2.4 城乡基础设施与公共服务的均等化进程

2.4.1 嘉兴市城乡基础设施推进政策研究

城乡基础设施，是指为城乡社会生产和居民生活提供公共服务的物质工程设施，是用于保证国家或地区社会经济活动正常进行的公共服务系统，是社会赖以生存发展的一般物质条件。城乡基础设施主要包括交通、通信、供水供电、园林绿化、环境保护等市政公用工程设施和公共生活服务设施等，它们是国民经济各项事业发展的基础。

1. 城乡基础设施的阶段与经验

（1）乡村工业化阶段。

1999 年，嘉兴市制定了《嘉兴市农业和农村现代化建设规划》（嘉委发〔1999〕4 号），2000—2003 年，实施了《关于推进农业和农村现代化"五个一工程"的实施意见》（嘉委发〔2000〕13 号），并取得成效。这期间，在统筹城乡基础设施方面，主要是通过加强水利建设，提高抗御自然灾害能力，进一步加强农业综合开发，开展土地整治，建设高标准农田，加强生态环境建设，依法保护和合理利用农业资源，加强农业基本建设，改善农业生产条件。通过优化规划布局，构建科学合理的城镇体系，建立多元化的投资机制和土地置换机制,加快小城镇基础设施建设,深化小城镇综合改革,加快乡镇企业和农村人口向小城镇集聚,加快小城镇建设,提高农村城镇化水平。

（2）农村设施建设阶段。

到 2003 年末,嘉兴市城乡基础设施条件明显改善,区位优势渐成现实经济优势。一是实施接轨上海发展战略取得显著成效,区位优势已渐成经济地理优势。二是全市初步形成了以市区为中心的半小时交通经济圈,农村实现了村村通公路,通村公路等级率快速提高。市区和县（市）城乡公交一体化工作进入规划实施阶段,部分线路已开通运行。三是城镇基础设施不断向农村延伸。邮电、通信资源已实现城乡共享,城乡用电实行同网同价,自来水受益人口不断扩大,全市农村自来水普及率达到91.9%,农村有线电视入户率达到 80%。四是全市污水逐步实现集中处理。覆盖全市的污水处理厂、收集输送管网布局已显雏形,形成了每日 50 万吨污水集中处理能力,污水集中处理工程管网不能到达的乡镇级污水处理工程建设也已开始列入议事日程,其中桐乡市、嘉善县、平湖市的 5 个乡镇污水处理工程已动工或进入前期。五是生态农业建设取得积极进展,以资源化、循环再生利用为主要模式的农业农村污染治理工作步入轨道。六是清洁生产和绿色企业正在成为企业谋求发展的动力,一批科技先导型、资源节约型和清洁生产型企业已经获得或正在进行审批,或进行环境质量体系认证。七是万里河道整治、万顷绿化造林工程等工作稳步推进,城乡生态环境逐步得到控制和改善。八是垃圾焚烧实行区域化运作。市区、嘉善县、平湖市、海盐县的垃圾初步实现集中焚烧处理。

在嘉兴市的城乡基础设施建设一体化中提出,把交通一体化作为推进城乡一体化的突破口,加快建设步伐,尽快形成内外衔接、城乡互通、方便快捷的交通网络,成为浙江省率先基本实现交通现代化和公交一体化的地区。一是高速公路网络化工程。在现有沪杭、乍嘉苏高速公路的基础上,新建杭州湾跨海大桥及其北岸连接线、申嘉湖高速公路、杭浦高速公路、嘉兴至绍兴高速公路、盐官西经桐乡梧桐至乌镇高速公路（往南经杭州接杭甬高速公路,往北接规划中的申苏浙皖高速公路)、沪杭高速公路拓宽等工程,建成"三纵三横三连"的高速公路网络,形成嘉兴至上海、杭州、宁波、苏州、湖州、绍兴等周边城市均有高速公路相连的高速公路网络。二是干线公路畅通工程。使嘉兴市区到各县(市)行政中心之间均有两条以上快速干道相连,各县(市)之间以一级公路相连。重点建设07省道嘉兴至乍浦一级公路、沪杭高速公路王店连接线一级公路、嘉兴至湖州一级公路、嘉兴至海盐(南北湖)一级公路、嘉兴至嘉善公路、嘉兴至桐乡公路、湖盐线一级公路改建。建设市本级中心镇镇际快速通道。三是乡村康庄工程。以贯通与高速公路、干线公路的连接和方便农村居民出行为核心,加快推进农村公路标准等级化、路面铺装高级化、道路结构网络化建设,使市域内各镇、中心村基本都能在15分钟内上高速公路。全市通村公路全部实现硬化、黑化,全部达到等级公路标准;县城至乡镇公路达到一级公路标准。四是城乡公交一体化工程。全面实施公交一体化工程,全市基本实现村村通公交目标。五是"水运强市"工程。除继续抓好内河航道建设外,建成以"三横二纵三连二延伸"为干线的四级航道网络,重点建设嘉于硖线、东宗线、乍嘉苏线航道和杭平申线等。

按照城市服务设施的标准,建设与农村居民日常生活密切相关的公用服务设施。一是加快城乡一体化供水建设步伐。扩大市、县(城)水厂供水规模,加强市、县(城)水厂与乡镇水厂联网步伐,逐步取消以地下水为水源的自来水厂,形成以嘉兴市区水厂、各县(市)城水厂为主体的供水体系。积极开展境外引水工程前期准备工作。取消以地下水为水源的自来水厂,实现以市本级、县(市)域为单位的区域城乡供水一体化目标。基本形成全市性的城乡一体化供水格局。二是加快城乡燃气一体化建设进程。按照可使用天然气的要求积极做好市区、各县(市)燃气管网建设工作,并逐步向乡镇所在地延伸。市区、各县(市)基本完成燃气管网建设工作,基本完成市区、各县(市)与重点乡镇管道联网工作。三是完善电力、电信网络一体化建设。实施热电联产规划,启动建设一批输变电及配套设施项目,完善城乡供电网络。依托现有的移动、联通、网通等通信公司,加快管线、基站等设施建设,形成高标准的城乡通信网络体系。

通过这一战略的实施,在统筹城乡基础设施领域取得显著效果:一是现代化网络型大城市框架初具雏形,城市化进程加快推进,中心城市功能日趋完善。二是网络化的基础设施基本建成,提前实现乡村康庄工程"双百"达标,城乡一体的公交网络日益完善,新农村电气化建设全面推进,农村信息化水平快速提高。三是生态化的建设理念渐入人心,"百村示范、千村整治"工程深入实施,"户集、村收、镇运、县(市)处理"的垃圾集中收集处理机制日趋完善,畜禽规模养殖场治理任务逐步完成,农村生活污水无害化处理工作大力推进,农村环境面貌有了明显变化。

(3)城乡统筹和城乡融合阶段。

在已基本建立起城乡一体化的推进体系和推进机制的基础上,嘉兴市制定印发了《嘉兴市打造城乡一体化先行地行动纲领》(嘉委发〔2008〕1号),进一步推进空间布局、产业发展、基础设施、公共服务、社会保障、生态环境和组织保障等七大推进体系建设,推动城乡一体化向更高阶段迈进。嘉兴市提出:坚持把城市和农村作为一个有机整体,进一步加快城乡一体的公路、水运、公交、垃圾处理、自来水、污水处理、燃气、电力、通信等基础设施网络化建设,强化城乡基础设施高标准衔接、全方位互补,提高设施的质量和服务功能,实现城乡共建、城乡联网、城乡共享。有效保护和优化农村生态环境,创造洁美家园,实现城乡生态平衡、良性发展。

统筹城乡基础设施体系的主要内容是:城乡交通基础设施体系不断完善,基本实现"153060"交通圈,高等级航道网络体系初步形成,内河航道标准与通行能力显著提高。公共交通竞争力大幅提高,城乡一体化的公交运营体系基本形成。一体化供水管网基本建成,实现城乡自来水同网同价目标。所有城镇生活污水和工业污水全部入网。焚烧处理为主的垃圾处理体系基本形成,各县(市、区)域内生活垃圾统一调度处理机制和全市城乡生活垃圾统一调度应急处理机制基本建立。市域高压管网环线和各县(市)的天然气高压管网基本建成。电力基础设施网络建设加速推进,实现新农村电气化镇村全覆盖,建成"新农村电气化市"。信息化基础设施网络加快建成,实现农村信息化建设行政村全覆盖。

完善基础设施网络。坚持把城市和农村作为一个有机整体,进一步加快城乡一体的公路、水运、公交、垃圾处理、自来水、污水处理、燃气、电力、通信等基础设施网络化建设,强化城乡基础设施高标准衔接、全方位互补,提高设施的质量和服务功能,实现城乡共建、城乡联网、城乡共享。

加快农村信息化建设步伐。把农村信息化建设纳入全市信息化建设的专项总体规划,统一规划内容,统一建设标准,系统有序地进行建设;整合创新服务载体,建立信息共享机制和数据交换体系,完善信息更新机制,培养、提高农民的信息意识和自觉使用信息服务的能力;每年创建一批信息化普及村镇。

加快城乡一体化供水步伐。加强水源建设,重点实施境内水源保护工程,实施水厂水源生态处理工程;积极开展太湖引水项目论证筹建工作;加快主干供水管网和沟通各供水区域的环网建设,加强村镇供水老管网改造,形成"层次分明、布局合理"的城乡一体化供水管网。加快污水处理厂和污水收集管网建设,保证所有市镇的生活污水和工业污水能接入污水管网;坚持集中与分散相结合,全面开展农村生活污水治理。

推进交通基础设施建设,基本形成城乡一体的快速交通体系和便捷、优质、廉价的城乡公交网。完善垃圾收集处理机制,实现自然村全覆盖;提高垃圾资源化利用水平,加快垃圾焚烧发电等无害化处理,无害化处理率100%。全面建成嘉兴市区至各县(市)天然气高压管线,同步加快城市(镇)天然气管网以及天然气联网建设工作。全面完成新农村电气化镇村建设任务。

改善农村生态环境。有效保护和优化农村生态环境,创造洁美家园,实现城乡生态平衡、良性发展。深入实施"百村示范、千村整治"工程。实施示范村和整治村创建增点扩面,规划保留自然村整治覆盖率100%,力争使所有农民受益;逐步建立起道路养护、绿化管护、河道保洁、垃圾收集、公共服务设施的正常管理和维修等一系列长效管理机制,形成多层次、多形式的村庄整治长效管理机制。加快水污染防治进度。编制实施嘉兴地区(杭嘉湖平原)河网水污染防治规划,启动太湖流域水环境综合治理生态修复工程,持续有效改善水环境。建立跨行政区域河流交接断面水质管理制度,实行水质交接的目标责任制。组织实施饮用水源保护规划,全面建立饮用水源预警预测机制。有效控制农业面源污染。加快建设畜禽规模化养殖小区,积极引进推广"农牧结合循环型""生化处理型"等生态养殖模式。建立健全农业标准体系,大力推进农业标准化生产。大力推进绿化造林,重点加强以沿海扩林、农田林网改造、生态公益林、绿化示范村等建设为主的绿化造林工程。加强减排工作,进一步完善排污许可权有偿使用和交易制度,积极创建生态市、生态县(市、区)、生态镇、生态村和绿色单位、社区,创造城乡优美环境。

建立统筹城乡基础设施推进体系的主要目标:坚持高标准,立足长远,统筹规划,突出重点,加快城乡基础设施建设。城乡交通基础设施、公交网络体系基本完善,垃圾处理、燃气供应一体化水平不断提高,环保基础设施网络体系建设迈上新台阶,电力、通信网络体系进一步升级,基本形成城乡一体的基础设施网络体系。

①交通基础设施:构建"三横三纵七连"的高速公路网络。"三横"为申嘉湖高速、沪杭高速(预留"未来超级高速")、杭浦高速;"三纵"为杭州湾跨海大桥及其北接线、常台高速、苏台高速;"七连"为沪杭高速嘉善联络线、练杭高速、乍嘉苏高速、苏台高速桐乡至德清联络线、杭州绕城高速、沪杭高速海宁联络线、杭浦高速海盐联络线。

构建"五横六纵一连"的国道及省道系统。"五横"为嘉善至余杭公路(212 省道)、平湖至安吉公路(302 省道)、海盐至安吉公路(303 省道)、上海至瑞丽公路(320 国道)、杭州至平湖公路(525 国道)—丹东至东兴公路(228 国道)。"六纵"为嘉善至象山公路(202 省道)、嘉善至余姚公路(206 省道)、秀洲至仙居公路(207 省道)、桐乡至洞头公路(211 省道)、常熟至海宁公路(524 国道)、规划国道太仓港至平湖公路。"一连"为北京至平潭公路(104 国道)。

构建"一环十一射五连一通道"市域快速通道。"一环"为中心城区外环。"十一射"分别由中心城区向桐乡、海宁、海盐、平湖、嘉善、南湖及苏州方向呈放射形的十一条快速道路组成,包括嘉兴—桐乡、嘉兴—海宁、嘉兴—海盐、嘉兴—平湖、嘉兴—嘉善、嘉兴—嘉兴互通—嘉善、嘉兴—罗星—嘉善、嘉兴—南湖互通、嘉兴—苏州、嘉兴—秀洲、嘉兴—油车港—苏州十一条快速道路。"五连"为县(市、区)之间及主要景区快速通道;"一通道"为上海—嘉兴—杭州大通道。

进一步完善农村公路网络。嘉兴市以打造高质量发展的"四好农村路"全国样板为导向,进一步完善农村公路网络,延伸农村公路的通达深度,提升乡村交通的服务品质,增强农村交通的安全保障。

②公交体系建设:构建多层次市域一体化公共交通服务体系,形成城际公交快线(从中心城区到县市中心的公交服务)、城乡公交快线和村镇公交支线三个层次的市域公交服务,强化全域覆盖,满足多元化出行需求。全面提升公交出行时效性,市域公交快线采用大站运营,实现便捷快速的城乡公共交通联系。

③供水体系建设:规划将地表水作为城市主要水源,主要包括现状的新塍塘石臼漾、南郊河贯泾港、长水塘。完善千岛湖引水和太湖引水工程建设,达到"同城同质"供水目标。按照节水目标要求,2035年嘉兴市供水体系供水规模须达到每日84万吨,保留石臼漾水厂,扩建贯泾港水厂,新建城北、大桥、洪合3处工业水厂,扩建城东再生水厂,保留城北再生水厂。完善沿中环西路、中环北路、中环东路及长水路铺设的给水环网,沿向外放射的主干道布局城乡一体化供水管网系统。

④污水收集处理:排水体制统一采用雨污分流制,污水经集中收集后,统一纳入城市污水处理厂,经处理达标后,排入水体或中水回收利用,建成完善的城市污水收集、输送、处理、排放系统,实施达标排放和水污染总量控制。至2035年污水处理量约为每日67万吨。新建南湖区工业污水处理厂,用于收集南湖区及嘉源集团污水。城中片以外区域的排水体制采用分流制;城中片的排水体制在近期仍保留截留式合流制,远期采用分流制。雨水排放按"就近排放"的原则进行城市雨水管道系统的完善。

⑤垃圾收集处理:生活垃圾分类工作实现精细化、高质量发展。垃圾分类处理体系和资源回收利用体系全面融合,生活垃圾"减量化、资源化、无害化"达到国际先进水平。实现生活垃圾总量"零增长"和"零填埋";全面推进垃圾分类系统建设,资源化利用率达到 90%,无害化处理率达到 100%。

⑥燃气体系建设:实现供气管道化,完善管道天然气输配系统,建立安全、稳定、可靠的城乡一体化管道燃气供应网络。规划至 2025 年燃气用户年用气量达 3.70 亿立方米,至 2035 年燃气用户年用气量达 6.17 亿立方米,中心城区形成"一环、多站"的燃气输配系统供气格局。"一环"即在嘉兴市域管网基础上规划形成嘉兴中心城区高压环网,现有 2 条次高压管道及部分市域高压管线,结合供气需要新增 4 条高压管线。"多站"主要指多座调压站,除已有嘉兴南郊站、T1 调压站、T3 调压站、T4 调压站、T5 调压站外,规划在中心城区新建 2 座调压站,分别是 T2 调压站、T6 调压站。此外,保留中心城区现状 1 座南湖 LNG 储配站。

⑦电力设施建设:到 2025 年,嘉兴市中心城区 110 千伏电网供电负荷约为 190 万千瓦;到 2035 年,中心城区 110 千伏电网供电负荷约为 254 万千瓦。按照国际一流电网标准进行规划建设,配电自动化覆盖率达到 100%,城镇规划区内新建、改建的 110 千伏及以下等级线路均要求电缆敷设,220 千伏线路有条件的电缆敷设,220 千伏以上线路架空设置,总体形成"一环、一带、四放射"高压廊道空间。规划 220 千伏变电所 8 座,110 千伏变电站 48 座。

⑧通信基础设施:加快 5G 基础设施建设,培育 5G 产业发展,推进 5G 融合应用,着力打造生态环境优良、网络建设优先、应用场景丰富、产业特色鲜明的 5G 新城,打造信息强政、信息兴业、信息惠民的智慧城市,助力嘉兴全面提高城市综合竞争力。补充完善三环以外的通信基站、通信机房、通信管网的建设,移动、联通、电信等多家运营商共用通信设施,提高城市通信基础资源和土地资源的利用率。

2. 新时期统筹城乡基础设施的改革研究

(1)新时期统筹城乡基础设施存在的问题。

①公共服务设施(包括教育、医疗、信息)均已基本实现均等化,但层

次普遍不高,等级体系未形成,因而无法彻底解决城乡发展的种种矛盾。

②农村教育水平已较高,但缺乏职业技术培训,大部分劳动力缺乏一技之长,也就导致其自身就业能力不强,因此在开办工厂与打工的同时,希望保留农村户籍作为"退路"。

③公共交通已覆盖乡村,但高效率的公共交通系统尚未建成。这又影响到人口的进一步集聚与有机分工协作的产生。

(2)新时期统筹城乡基础设施对策研究。

随着经济社会发展,嘉兴市已经进入经济社会协调、城乡协调、区域协调发展的新阶段,统筹城乡基础设施必须在更广、更高的层次来认识和把握。

统筹城乡基础设施建设在新形势下赋予了新内容,要从市域发展角度来统筹兼顾、科学发展。统筹市域基础设施建设,避免重复投资、重复建设,最大程度地发挥跨区域重大基础设施项目的投资效益、社会效益和环境效益,是嘉兴建设网络型大城市极为重要的内容。统筹市域基础设施建设,主要针对跨区、县(市)的建设项目,或投资总额超亿元的基础设施建设项目,范围是道路(公路)、桥梁、交通、电力、通信、有线电视、河道、供水、污水处理、垃圾焚烧、燃气、公共交通(轨道交通)、环境卫生、园林文物(风景名胜区)、绿化等项目。

针对市域重大建设项目,实施区域协调。

①建立重大基础设施年度项目实施计划制度,确保重大基础设施有序建设。各县(市、区)政府和各投资主体须制订年度的重大基础设施建设(维护)计划,并报领导小组办公室备案。市发展改革委、市建设局、国土资源局等部门编制推进网络化大城市建设重大基础设施项目年度实施方案和市基础设施项目年度用地计划建议,报领导小组同意后下发实施。

②建立跨区域建设项目市级立项制度,加强大额投资项目的市级审查。对跨区、县(市)的建设项目,由市级投资主管部门审查立项或上报,统一项目实施进度,各地分头实施。投资总额超亿元的重大跨区域的基础设施建设项目,经专委会统筹协调后,由各县(市)按国家和省规定权限

审批立项或上报。

③系统协调市域各类公用事业设施建设,结合各区域的财力、环境容量、规划要求等一系列要求,统筹规划布点。对于跨区域的供水、供气、公路及水路交通、防洪抗旱、污水处理、垃圾处理等基础设施建设项目,由市组织协调,市、县(市、区)协同参与,合理分担投资。市、县(市、区)共建项目的有偿收益,按照"谁投资,谁受益"的原则,由市、县(市、区)共同分享。

④加快建设连接主副中心城市与新市镇、工业区、旅游区的快速交通网,适时谋划贯通全市又串联各县(市)的轨道交通网络。加快筹划与沪杭等周边城市高速公路和轨道交通相配套的综合性交通枢纽建设。建立大市域边界收费机制,实现市域内普通公路无障碍通行。加快公交 IC 卡互通县市的改造进度,完善客运站联网售票系统。

2.4.2　嘉兴市城乡公共服务均等化体制改革研究

公共服务,又称基本公共服务,是指建立在一定社会共识基础上,根据一国经济社会发展阶段和总体水平,为维持本国经济社会的稳定、基本的社会正义和凝聚力,保护个人最基本的生存权和发展权,为实现人的全面发展所需要的基本社会条件。基本公共服务除了对于人的发展具有本体性的基础作用,更重要的是对经济社会的可持续发展发挥着巨大的推动作用,是缓解社会矛盾、促进社会公平的重要手段。

公共服务是满足公共需求的行为,是为公共利益提供的一般性或普遍性服务。公共服务本质上是取之于民、用之于民的活动,通过社会财富再分配的手段保障民众的基本权利、满足民众的基本需求,实现基本需求均等化。公共服务是一个有着特定含义的概念,是指为社会公众提供的基本的、非营利性的服务,公共服务是大众化的服务,是基本服务,是内容广泛的服务。基本公共服务包括三个基本点,即保障人类的基本生存权或生存的基本需要,满足基本尊严(或体面)和基本能力的需要,满足基本健康的需要。并且,公共服务是一种低价位的服务,以保证人们能够持续性地消费。一般来说,公共服务包括基础教育、公共卫生、公用事业、社会保障等事项。随着经济的发展和人民生活水平的提高,一个社会基本公共服务的范围会逐步扩展,水平也会逐步提高。基础教育、公共卫生和基本医疗、基本社会保障、公共就业服务,是广大城乡居民最关心、最迫切需要的公共服务,是建立社会安全网、保障全体社会成员基本生存权和发展权必须提供的公共服务,成为现阶段我国基本公共服务的主要内容。

人类发展的本质是人的发展,而人的发展取决于一个国家(地区)的基本公共服务供给状况。因此,基本公共服务是人类发展的重要条件,也是人类发展的重要内容。

教育承担着社会、经济、文化、政治等功能,是直接影响人类发展的重要因素。教育是提高人力资本存量、推动经济发展的基本途径。教育有助于促进社会流动,促进社会整合与社会公平。义务教育是整个教育体系的基础,义务教育公平体现着个人成长的起点和未来发展机会的公平。

公共卫生与基本医疗服务造福于人类,在国民经济和社会发展中具有独特的地位。对于个人来说,健康具有重要的本体性价值,是衡量人的素质的主要指标。从社会角度讲,健康构成一个社会人口素质的基础。投资健康就是投资未来经济发展,社会拥有了健康就是拥有了"财富"。

基本社会保障是社会的"安全网"和"减震器",构建规范稳定的基本社会保障制度有助于提高全体社会成员的生活质量,营造安定有序的社会环境。

就业是民生之本,是人民群众改善生活的基本前提和基本途径,决定着每个家庭的生计。对劳动者而言,就业和再就业是他们赖以生存、融入社会和实现人生价值的重要途径和基本权利;对社会而言,就业关系到亿万劳动者及其家庭的切身利益,是促进社会和谐的重要基础;对经济发展而言,就业关系到劳动力要素与其他生产要素的结合,是生产力发展的基本保证;对国家而言,就业是民生之本、国家稳定之基,也是安国之策。公共就业服务是促进就业的重要手段,是缓解就业压力的重要途径。

1. 嘉兴市城乡公共服务均等化的阶段和经验

(1)乡村工业化阶段。

1999年,嘉兴市制定了《嘉兴市农业和农村现代化建设规划》(嘉委发〔1999〕4号),2000—2003年,实施了《关于推进农业和农村现代化"五个一工程"的实施意见》(嘉委发〔2000〕13号),开始城乡一体化建设早期探索。

在城乡一体化早期建设阶段,嘉兴市更关注的是硬件建设,更倾向于加快农业和农村经济量的集聚、扩张,实现质的提升和跃进,而对于城乡公共服务等还没有形成完整系统的建设理念,尚处在摸索阶段。

这一时期,嘉兴市开始正视农村基本公共服务不足的现实,在增进农村公共服务上做文章,提出了"农村社会养老保险投保率60%以上,参加合作医疗人数70%以上",科技、教育、卫生、文化、体育等公共设施齐全,农民生活质量明显改善等目标。

(2)农村设施建设阶段。

党的十六大提出"统筹城乡经济社会发展"的号召后,嘉兴市结合自身区域发展和城乡发展相对均衡、经济发展进入了工业化中期向后期转换的阶段性特征,在2003年市第五次党代会上确立了城乡一体化的发展战略。2004年初,率先出台了《嘉兴市城乡一体化发展规划纲要》,全面实施城乡一体化发展战略和六大专题规划。通过这一战略的实施,在统筹城乡公共服务领域取得显著成效:城乡社会事业得到全面发展,科技事业加快进步,城乡教育均衡发展,农村文化建设取得成效,体育事业稳步推进,农村公共卫生和医疗服务体系日益健全完善,食品安全形势日趋好转。

(3)城乡统筹和城乡融合阶段。

嘉兴市提出:着力推进城乡基本公共服务均等化,创新公共服务运行机制,加快建立科技、教育、文化、卫生、体育和食品安全等为主要内容的公共服务体系,缩小城乡公共服务水平差距,促进城乡协调发展。加快推进公共服务跨区域共享机制,提高公共资源利用效率和为群众服务的水平。嘉兴市按照省委、省政府的决策部署,勇于改革创新,启动实施了以优化土地使用制度为核心,包括就业、社会保障、户籍制度、新居民管理、涉农体制、村镇建设、金融体系、公共服务、规划统筹等改革的"十改联动"。着力把嘉兴建设成为体制机制较活、统筹水平较高、带动作用较强的统筹城乡发展先行区。

2. 新时期城乡公共服务存在的问题与总体思路

改革开放以来，伴随着经济转轨和社会转型，我国实现了发展阶段的历史性跨越，发展理念经历了由物质本位到以人为本的转变，由生存型社会开始步入发展型社会的新阶段。人们从满足基本生存为主转向追求自身发展为主，人的自身发展更直接地表现为对基本公共服务的实际需求。中国发展阶段的这一提升，给经济社会发展带来巨大的发展活力，同时也蕴含着深刻的社会矛盾。其中，引起人们普遍关注的一个问题是，全社会公共需求全面快速增长与公共产品短缺、公共服务不到位，已成为新时期、新阶段的突出矛盾。为此，面对发展阶段的变化，要认真把握新时期的基本公共服务形势，统筹城乡公共服务建设，推动城乡融合和城市化建设。

统筹城乡基本公共服务，是基本公共服务均等化的题中应有之义，是扩大公共财政覆盖面，让全体社会成员共享改革发展成果的制度安排。新阶段公共需求快速增长的趋势，对城乡公共服务制度创新提出更为迫切的要求。从现实情况分析，中国基本公共服务存在着水平低、不均衡、体系建设滞后等问题，城乡基本公共服务建设水平严重失衡，究其根源，都与基本公共服务制度存在一定程度缺失有关。

城乡基本公共服务供给的失衡，已成为新阶段统筹城乡发展的突出问题。由于受城乡二元的户籍制度和公共服务体制的限制，进城务工人员在融入城市的过程中仍然面临诸多问题，如劳动权益得不到充分保障、劳动收入长期偏低、基本社会保障欠缺、子女接受义务教育困难等。在快速工业化、城镇化的背景下，为城乡居民提供基本而有保障的公共服务，已成为缩小基本公共服务城乡差距和区域差距的焦点问题，尽快建立城乡统一的公共服务制度具有紧迫性和重要意义。

完善城乡生活圈。持续推进城乡公共服务均等化，建设城镇型、乡村型两类社区生活圈，提高文化、教育、体育、医疗等设施的服务效率和水平，积极建设老年友好型、青年友好型、儿童友好型城市，全面提高乡村宜居度和吸引力。突出生活圈服务能级差异，高水平营造中心城区都市生活圈，推进各类高等级公共服务设施布局。统筹构建30分钟和15分钟基础公共服务两级城乡生活圈。30分钟城乡生活圈以市县中心城区及特色城镇为中心,以公交出行为主,配置高能级文化、教育、体育、医疗卫生、养老等公共服务设施;15分钟城镇生活圈以完整社区为基础,乡村生活圈以行政村为单元,按照慢行(非机动车、步行)可达服务范围,配置数量充足、品类齐全的基础生活服务设施。至2035年,30分钟城乡生活圈覆盖率达到100%,15分钟生活圈覆盖率达到90%。

打造"一主六副多中心"的公共服务中心体系。全面构建均衡优质的城乡公共服务中心体系,围绕中心城区打造市域综合服务主中心,围绕嘉善县、平湖市、海盐县、海宁市、桐乡市城区、嘉兴港区打造市域综合服务副中心,依托特色城镇建设专业特色服务节点。

建设公共文化设施,以建设新时代文化强市为目标,全力打造"六大高地典范",深化国家公共文化服务体系示范区建设,提升市级五馆一院一厅(文化馆、博物馆、图书馆、非遗馆、美术馆、剧院、音乐厅)建设水平,推动各县(市)规划建设一批标志性文化设施,提升乡镇街道综合文化站、城市书房、农村文化礼堂(社区文化家园)及农家书屋等品质,完善覆盖城乡、布局合理的公共文化设施网络。实现市域"城乡一体15分钟品质文化生活圈"全覆盖,15分钟可达范围内设置1个公共文化场馆、3个以上公益性公共文化空间。城市公共文化设施(不包含社区文化活动站用地)人均用地按0.2~0.5平方米设置。

建设现代化教育设施,提升学前教育健康普惠保教水平,推进义务教育优质均衡发展,促进普通高中特色多样发展。城市中小学校、特殊教育学校和中等职业学校人均用地合计应为2.2~4.0平方米;有高等院校的县(市),宜至少按人均0.5平方米增加教育设施用地。

建设高质量体育设施,瞄准长三角体育现代化先行市建设目标,完善各类、各级体育设施。至2035年,顺应长三角体育一体化联动发展,规划建设一批可满足举办国内、国际重大赛事的特色体育场馆。各县(市、区)强化"一场两馆"(体育场、体育馆、游泳馆)的体育设施配套设置。构建高水平15分钟健身生活圈,加强镇级全民健身中心、体育公园(体育设施进公园)、足球场(笼式足球场)等专项体育场地建设,推进基层村级全民健身广场(体育休闲公园)、社区多功能运动场、百姓健身房等专项体育场地建设。至2035年,市级公共体育设施人均规划建设用地按0.2～0.4平方米设置,县(市、区)级公共体育设施人均规划建设用地按0.1平方米设置,基层公共体育设施人均规划建设用地按0.3平方米设置。

建设高标准医疗设施,完善公共医疗卫生配套设施空间。优化区域医疗中心布局,促进资源服务均等化。至2035年,每千人床位数达到8.8张,市级医疗卫生设施人均规划建设用地按0.8平方米设置,县(市、区)级医疗卫生设施人均规划建设用地按0.7平方米设置。依托长三角生态绿色一体化发展示范区嘉善片区,打造一批与沪杭优质医疗机构紧密合作的高端医疗机构。市办综合性医院(含中医类医院),按照常住人口每100万～200万人口设置1～2个。每个县(市)原则上配套1家县办综合医院、1家县办中医医院,常住人口超过40万的县(市)可适当增加,县级妇幼保健机构中原则上至少有1家达到二级。建立强大的现代化公共卫生体系,重大疫情和突发公共卫生事件防控救治能力达到国内一流水平。全市传染病收治能力达到每万人1.5床,传染病总床位数不少于900张。强化基层医疗卫生机构服务能力,每个镇布局1家标准化卫生院,每个街道(或3万～10万人)布局1家标准化社区卫生服务中心。构建15分钟健康服务圈,合理设置社区卫生服务站、村卫生室。至2035年,健康服务圈覆盖率提升至100%。

建设儿童友好城市设施,建成一批管理规范、模式可复制的婴幼儿照护服务示范单位。到2035年,婴幼儿照护服务设施实现社区全覆盖,每千人拥有3岁以下婴幼儿托位数保持在4.6个以上,乡镇(街道)3岁以下婴幼儿照护服务机构覆盖率达50%以上,形成城乡15分钟托育服务圈。

建设基本养老服务设施,构建居家社区机构相协调、医养康养相结合的养老服务体系,使专业照护服务惠及所有失能、失智老年人,推进养老服务事业与产业协调发展。积极培育重点综合性机构,各县(市)城区建设2～3个层次较高的康养型养老机构。大力推进社区嵌入式养老机构建设,完善社区居家养老服务照料中心布局,构建15分钟城乡养老服务圈。在已建成城市社区,推进"未来养老社区"建设试点。

3 嘉兴市城乡融合发展的关键举措与制度创新

3.1 土地使用制度的深刻变革

3.1.1 城乡土地使用制度改革的主要内容

党的十七届三中全会立足新时代城乡统筹发展全局,以系统性思维和创新性理念对农村土地管理制度改革作出战略部署,确立了严守红线、明晰产权、规范流转、完善市场、健全法治的总体改革路径。这一改革体系以耕地保护为根本前提,以产权制度为核心基础,以要素市场化配置为关键突破,以法治建设为制度保障,通过顶层设计与基层探索的良性互动,着力破解土地资源配置效率与公平性难题,构建起既能保障国家粮食安全又能促进城乡融合发展的新型土地管理制度框架,为推进农业现代化和新型城镇化提供坚实的制度支撑。

第一,准确把握十七届三中全会关于农村土地管理制度改革的主要精神。一是健全严格规范的农村土地管理制度,坚持产权明晰、用途管制,节约集约、严格管理的原则。二是要坚决落实两个最严格的制度,就是要落实最严格的耕地保护制度,坚守18亿亩耕地红线,落实最严格的节约用地制度,从严控制城乡建设用地规模。三是土地承包经营权流转要在依法、自愿、有偿的原则下做到三个"不得":不得改变集体土地所有性质、不得改变土地用途、不得损害农民承包权益。四是明确征地制度改革的方向和要求,严格界定公益性用地和经营性用地,逐步缩小征地范围,完善征地补偿机制。五是逐步建立城乡统一的建设用地市场。六是抓紧完善相关法律法规、配套政策,规范推进农村土地管理制度改革。

第二,积极探索各类综合配套改革试验区,要探索推进土地管理制度改革和创新。要按照十七届三中全会决定关于规范推进农村土地管理制度改革的要求,从实际出发,创造性推进各项改革试验工作,特别是要以各类综合配套改革试验区为载体。在增强宏观调控能力、落实耕地保护目标、提高保障发展能力、规范国土开发利用秩序、保护群众合法权益的前提下先行先试,积极探索国土资源管理制度和土地管理的改革和创新。当前,改革和创新重点是建立健全耕地保护、节约用地的约束机制和激励机制,推进农村土地确权登记颁证,严格规范承包地流转和集体经营性建设用地流转,严格宅基地管理,建立健全土地承包经营权流转市场和逐步建立城乡统一的建设用地市场,规范推进征地制度改革。

通过各类试验区的改革创新,形成耕地得到切实保护、各类用地得到基本保障、土地资产效益得到充分体现、农民权益得到有效保护的土地管理新格局,形成保障和促进科学发展的土地管理新机制,为全国提供鲜活经验与典型示范。

第三,稳步推进,着力规范和完善相关法律法规和政策制度,各项改革都必须统筹谋划、整体设计、积极探索、稳步推进。

推进农村改革的进程,实际上是一个不断解放思想、制度创新的过程,贯彻落实全会精神,必须推进制度创新,就是要把符合生产力发展要求、符合现行法律法规、行之有效的做法予以规范,并以制度的形式确定下来;对于突破现行法律法规但又符合客观实际,能够促进生产力发展的做法,通过调整完善相应的体制、机制、法制加以肯定。在耕地保护、集体土地流转、建设用地增减挂钩、农村土地确权登记颁证、节约用地、土地市场等重点领域,都需要随着形势的变化和发展,进一步规范和完善相关法律法规和配套政策,积极、有序、稳步地推进土地管理制度改革。要把改革的成果及时上升为法律法规,特别是要加快《中华人民共和国土地管理法》和《中华人民共和国矿产资源法》等配套法规的修订,并做好与其他法律法规修订的协调工作。

3.1.2 嘉兴市城乡融合发展中的土地使用制度改革实践

改革开放以来,嘉兴市城乡融合发展经历了乡村工业化阶段、农村设施建设阶段(城市反哺农村)、城乡统筹和城乡融合阶段等三个阶段。在每个统筹城乡发展阶段,土地使用制度改革都是关键环节。

1. 乡村工业化阶段

在这一阶段,重点推进以土地整理暨标准农田建设、建立健全"土地换保障"的被征地农民养老基本生活保障制度、推行经营性用地招拍挂出让为主要内容的土地使用制度改革。

(1)建设标准农田,推进农村土地综合整治。嘉兴市从1998年开始开展土地整理工作,1999年组织编制了标准农田建设专项规划,明确了标准农田必须建设在基本农田保护区范围内,并结合基本农田保护区定界工作,设立永久性的保护标志。土地整理工作开展前期,主要采取标准农田建设项目与农村土地整理项目、农业综合开发项目、农业园区项目、改造中低产田项目等有机结合起来,拼盘使用资金来筹集落实标准农田建设资金。土地整理项目验收后,对土地整理折抵指标足额收取有偿调剂费,用于标准农田建设。随着土地整理工作效益的逐步显现,也吸收了建设单位和个人自筹资金。与此同时,严格项目管理,确保工程质量。在项目设计、材料选购、施工、验收等各个阶段严格把关,资金发放按工程完成进度和质量分期发放,并建立质量保证金,实行奖惩挂钩政策,严格项目考核。通过开展土地整理和标准农田建设,不仅实现了耕地占补平衡,保障了城乡建设用地需求,而且改善了农业生产条件和农村生活条件,促进了产业结构调整。

(2)试行"土地换保障",建立健全被征地农民养老基本生活保障制度。嘉兴市的征地制度改革起步于1993年,有关政策与操作方法成型于

1998 年。2001 年,嘉兴市被国土资源部列为全国首批 9 个征地制度改革试点城市之一。到 2003 年底,嘉兴市的七个县(市、区)全面推行了"以养老保障安置为主要方式,与就业市场化相适应"的征地制度改革。征地制度改革的基本内容是"三统一""一分别"。"三统一",即城市(城镇)规划区内的建设用地由政府统一实施征地、统一补偿政策、统一办理被征地农民户口"农转非"和养老保险;"一分别",即对不同年龄段的安置对象分别进行补偿安置。具体做法:一是市政府成立征地制度改革领导小组,并建立市统一征地办公室(归口市国土资源局),具体负责实施统一征地工作,被征地人员的补偿、安置和户籍"农转非",由市政府制定统一政策,具体业务分别由国土部门的征地办公室、劳动和社会保障局及公安部门办理;二是不再向被征地村集体支付人员安置费,而是由国土资源部门将费用划入劳动社保部门的"社保专户",直接落实到安置人员个人账户上;三是按不同年龄段对被征地人员分别落实补偿安置政策。

实行"土地换保障"的安置办法,较好地处理了政府与农民的关系,有效地解决了失去土地人员的基本生活保障问题,其成效是十分明显的:一是实行统一征地、统一补偿安置政策,避免了过去的"谁用地、谁征地、谁安置""政策不一""相互攀比"等弊端,减少了征地工作中的矛盾和纠纷;二是采用以"养老保险安置为主要方式、与就业市场化相接轨"的补偿安置办法,避免了以往采用一次性货币安置造成的后遗症,保障被征地农民的基本生活稳定;三是通过建立"土地换保障"的机制,促进了被征地农民向城市居民转变,加快了城市化进程。

(3)推行经营性用地招拍挂出让,发挥市场对土地资源配置的基础性作用。嘉兴市早在 1999 年就开始探索经营性用地招拍挂出让。1999 年7 月 5 日,嘉兴市政府印发了《关于嘉兴市土地储备机制的试行办法》(嘉政发〔1999〕101 号),明确规定:"自本通知下发之日起,企业拥有的划拨土地使用权一律不得自行转让开发,须盘活开发的划拨土地,都应实行统一的回收储备,统一由市政府职能部门招标、拍卖出让。"2001 年,嘉兴市政府又印发了《关于进一步推行国有土地使用权回收储备和招标拍卖的意见(试行)》(嘉政发〔2001〕18 号),再次强调"土地供应除《中华人民共和国城市房地产管理法》第二十四条规定的国家机关,军事,城市基础设施,公益事业,国家重点扶持的能源、交通、水利等项目,经批准可以行政划拨方式供地以外,其他用地一律实行有偿供应。其中,除工业等生产性项目用地可以协议出让或租赁外,房地产等经营性用地都要实行招标或拍卖方式出让。"国土资源部《招标拍卖挂牌出让国有土地使用权规定》(国土资源部第 11 号令)出台以后,嘉兴市经营性用地全部实行了招拍挂出让。为了推进经营性用地招拍挂出让,嘉兴市切实抓好土地市场制度建设,建立和完善经营性用地计划供给总量控制制度、城市土地集中供应制度、土地使用权公开交易制度、基准地价定期更新公布制度、国有土地收益收缴制度和举报监察介入制度,并设立土地公开交易平台,切实做到公开信息、公平竞争、规范程序、阳光操作。通过推行经营性用地招拍挂出让,发挥了市场对土地资源配置的基础性作用,显化了土地资源价值,为实施以农业产业化、农村工业化、农村城镇化、农民知识化和环境生态化为主要内容的农业和农村现代化"五个行动计划"提供了用地和资金保障。

2. 农村设施建设阶段

在这一阶段,嘉兴市继续坚持改革创新,深入推进农村土地综合整治,深化完善征地制度,推进工业用地招拍挂出让。

(1)开展以农村宅基地整治为主的建设用地复垦,深入推进农村土地综合整治。在推进标准农田建设的同时,积极探索推进以农村宅基地整理为主的建设用地复垦工作,2005 年 4 月嘉兴市政府出台了《嘉兴市人民政府办公室关于推进农村宅基地整理加快农村新社区建设的意见(试行)》,县(市、区)政府也相继出台了相关政策。为了推进建设用地复垦工作,嘉兴市采取多种渠道筹集资金:实行地方财政扶持,按照"谁投资,谁受益"的原则,建立筹资机制,即实行建设用地折抵指标(包括复垦周转指标)有偿转让政策,指标使用由市和县(市、区)两级政府调控并实行有偿调剂。对规模大、标准高、有示范作用的项目,申报"千村示范、万村整治工程"示范项目，争取"千村示范、万村整治工程"专项资金资助。与此同时，通过严格复垦地块的认定条件，细化建设用地复垦建设标准，公开招投标来挑选资质高、声誉好的土地整理项目施工单位，对工程验收实行层层把关等有力措施，确保了工程建设质量。

（2）深化完善征地制度，切实保护被征地农民的合法权益，嘉兴市重点抓了四项完善工作。

一是实施征地补偿"区片综合价"，适当提高征地补偿标准。嘉兴市政府出台了《关于市本级征地补偿实行"区片综合价"的通知》（嘉政发〔2004〕6号），实施征地补偿"区片综合价"。"区片综合价"的大部分用于被征地人员社会保障统筹，不足部分由政府补足，少部分（相当于原标准的土地补偿费）留给村组。具体做法：根据各地经济发展现状和实行养老保险安置所需的费用，按照不同地类测算确定区片综合补偿价。

二是统一全市各地安置保障办法，进一步完善补偿安置政策。对被征地农民的社会保障，全市统一实行养老基本生活保障和社会保险相结合的办法：劳动年龄段以上（男满60周岁、女满50周岁）的被征地农民，实行养老基本生活保障；劳动年龄段以内的被征地农民，建立基本养老保险关系，享受相关待遇；劳动年龄段以下（16周岁以下）的人员和已在企事业等单位参加了职工养老保险、享受职工基本养老金（退休费）等养老待遇的被征地农民一次性发给征地安置补助费。为了解决县（市、区）之间现行养老保障待遇标准落差过大，容易引发攀比心理的问题，市政府印发了《关于市本级征地补偿实行"区片综合价"的通知》（嘉政发〔2004〕6号）文件，提出各县（市、区）被征地农民养老基本生活保障金的执行标准应逐步趋同。完善的办法：以2004年全市被征地农民养老基本生活保障金的平均值为指导线，全市统一建立养老基本生活保障金增长机制，即按企业退休人员基本养老金和城镇居民最低生活保障金调整幅度的算术平均增长比例进行调整（调整后的全市被征地农民养老基本生活保障金平均值作为当年的指导线）。今后，每年以当年的指导线为全市调整养老基本生活保障金的限额，不得突破。

三是制定就业援助政策,组织失地人员就业培训。经过多年的探索与实践,嘉兴市的被征地农民就业援助政策逐步完善。援助政策分为直接援助和间接援助。直接援助政策:①被征地农民可申领"再就业优惠证B",享受与城镇集体企业下岗失业人员同等的再就业优惠政策;②对持"再就业优惠证"的"4050 人员"从事个体经营或灵活就业后,给予期限最长不超过 3 年的社会保险补贴,补贴标准为每人每月 200 元。间接援助政策:①完善职业介绍补贴政策,建立与服务成效挂钩机制,对被征地农民提供免费职业介绍服务且招用单位与求职人员签订 1 年以上劳动合同并为其缴纳社会保险费的,给予各类职业中介机构每人 60 元的职业介绍补贴;②职业培训扶持政策,经劳动保障部门认定有资质的各类培训机构对被征地农民进行职业培训,取得"国家职业资格证书""浙江省职业技能培训证"或上岗操作证的,按最高不超过 400 元给予培训补贴;③充分保障被征地农民就业培训经费,从征地安置经费中提取每人 500 元的促进就业经费,全市每年平均提取就业经费 4000 多万元,主要用于被征地农民的就业援助、岗位补助、创业补贴、社会保险补贴和职业介绍、培训补贴等。

四是在出台援助政策的同时,充分发挥政府促进就业的职能:①全市人力资源市场积极组织各类招聘会,结合各地实际,将招聘会办到社区、农村;②各级公共就业服务机构为用人单位、劳动者提供"一站式"全方位的人力资源交流服务,为被征地农民就地、就近就业创造了条件,通过设立被征地农民就业服务窗口、就业网,开展"再就业援助月和春风行动"等,提供针对性、个性化和网络化就业服务;③实行被征地农民就业状况季报制度,及时更新被征地农民就业状况数据库,为决策和开展就业与培训打下基础;④切实加强劳动管理,着力打造"嘉兴无欠薪"城市品牌,营造被征地农民就业的良好环境。

(3)推进工业用地招拍挂出让,健全土地资源市场配置机制。在继续严格落实经营性用地招拍挂出让制度的基础上,探索工业用地招拍挂出让。嘉兴市工业用地招拍挂出让工作最早始于 2003 年 10 月。当时,海宁市采用投标出让工业用地指标的方式对许村家纺工业园内的工业用地进行了公开出让。《国务院关于深化改革严格土地管理的决定》(国发〔2004〕28号)规定"除按现行规定必须实行招标、拍卖、挂牌出让的用地外,工业用地也要创造条件逐步实行招标、拍卖、挂牌出让"后,嘉兴市积极推进工业用地招拍挂试点。2005年,南湖区2宗、海宁市1宗工业用地招拍挂出让成功。《国务院关于加强土地调控有关问题的通知》(国发〔2006〕31号)规定"工业用地必须采用招标拍卖挂牌方式出让"后,嘉兴市人民政府印发了《关于全面推行工业用地招标拍卖挂牌出让工作的实施意见》,大力推行工业用地招拍挂出让。工业用地实行招拍挂出让,扩大了土地资源有偿出让范围,进一步发挥了市场配置土地资源的基础性作用,有利于遏制招商引资的无序竞争,更为重要的是促进了土地资源的节约集约利用,有利于经济增长方式的转变和产业结构的优化升级。

3. 城乡统筹和城乡融合阶段

嘉兴市委、市政府结合嘉兴实际,在原有城乡一体化的基础上,提出了以优化土地使用制度改革为核心,包括土地、就业、社会保障、户籍制度、新居民管理、涉农体制、村镇建设管理、金融体制、公共服务、规划管理等的"十改联动"。在探索推进土地使用制度改革过程中,嘉兴市委、市政府启动了"两分两换"试点工作。所谓"两分",就是把宅基地与承包地分开,搬迁与土地流转分开。"两换",就是以土地承包经营权换股、换租、换保障,推进集约经营,转换生产经营方式;以宅基地换钱、换房、换地方,推进集中居住,转变农民生活方式。嘉兴市委、市政府提出的农村土地使用制度改革工作目标:经过5年努力,力争全市有三分之一农民实现向城镇和中心村的集聚,各种形式的土地流转达到100万亩以上,50%左右的农田实现规模化集约经营,在此基础上建成一批规模较大、层次较高、效益较好、一二三次产业协调发展的现代产业园区,一批居住相对集中、公共配套完善、公共服务均等化的现代宜居新社区和一批具备城市功能、对农村经济具有带动作用的现代新市镇。

(1)"两分两换"中有关土地政策的主要内容。

①土地承包经营权换股、换租、换保障。农户自愿全部放弃土地承包

经营权的,在书面提出申请的基础上,按照农业行政主管部门制定的统一文本格式,经村经济合作社同意,镇(街道)人民政府(办事处)审核后,报县(市、区)人民政府审批。对全部放弃土地承包经营权的农户,由县(市、区)农业行政主管部门将置换社会保障的人员清册移交社会保险经办机构,按政策规定办理相关社会保障手续。具体的置换政策有如下几种。

一是对以租赁或入股形式长期(10 年以上)全部流转土地承包经营权的,土地流转收益归农户所有。其按《嘉兴市人民政府关于印发〈嘉兴市城乡居民社会养老保险暂行办法〉的通知》(嘉政发〔2007〕71 号)规定,参加城乡居民社会养老保险的,可选择按城镇居民缴费基数缴费,给予对应的财政补贴,今后如参加职工养老保险,按有关规定给予衔接计算。

二是对自愿全部放弃土地承包经营权的(法律上认可),符合有关条件的,可按以下三种情况参加社会养老保险:参加城乡居民社会养老保险的,可选择城镇居民缴费基数缴费,给予对应的财政补贴;在有农业投资开发商承接流转土地的基础上,参照被征地农民标准和办法办理有关社会养老保障手续的,享受相应待遇,其中劳动年龄段以内的人员接续参加职工养老保险的,按有关规定给予衔接计算;对已进单位务工,参加"低门槛准入、低标准享受"职工养老保险的,由农业投资开发商按职工当期缴费基数给予 4% 的补贴至其个人账户,或按置换社会保障有关标准给予一次性货币补偿;对已进单位务工参加职工基本养老保险的,继续参保并按置换社会保障有关标准给予一次性货币补偿。

②以宅基地换钱、换房、换地方。农民自愿放弃农村宅基地(包括住宅),到城镇购置商品房定居落户的,由农户持相关证件资料向村经济合作社提出书面申请,同村、镇(街道)签订相关协议后,由各地按照政策规定进行经济补偿,村民委员会统一向镇人民政府申报,经审核上报县(市、区)人民政府批准收回宅基地使用权,由发证的人民政府依法注销其土地使用权和土地使用证。到城市和新市镇规划区置换搬迁安置(公寓)房和到产业功能区置换标准产业用房的,由置换户提出申请,与迁出地村、镇(街道)签订相关合同,并经规划建设、国土资源等部门审核批准后,到迁入地所在镇(街道)办理置换相关手续。具体的置换政策有如下几种。

一是对放弃宅基地(包括住宅)进入城镇购买商品房的农户,政府对原住房直接给予相应的货币补贴,不再另外安排搬迁安置房用地,具体补贴标准由各县(市、区)按照实际测算自行制定。

二是进入城市和新市镇规划区置换搬迁安置(公寓)房的农户,按照搬迁政策对原住房建筑面积实行房屋补偿,由县(市、区)、镇(街道)、村统一规划建设后,置换给农户,办理土地使用证和房屋所有证。农户也可以到镇(街道)、村统一规划的城乡一体新社区选择一个地方自建,换一个地方。

三是产业功能区标准用房由所在县(市、区)或镇(街道)统一规划建设,按照农民安置住宅面积的1～2倍置换给农户(具体倍率按相应价值量,据具体项目而定),并核发两证。原则上实行集体统一招租,确保农户收益。

四是置换安置房的农户可申请按揭贷款,各县(市、区)、镇(街道)财政安排一定专项资金进行贴息或建立专项担保基金,支持置换户购房的按揭担保。

五是申请以宅基地换城镇房产的农村居民家庭要与村签订原宅基地交回或不再申请宅基地的协议,不再享受申请、使用农村宅基地的权利。

六是农民入住城镇集聚社区后,原则上将户籍关系迁入社区管理,享有城镇居民在子女教育、职业培训、就业服务等方面与城市居民的同等权利,并继续享有原居住地村集体经济组织除申请宅基地以外的权益。

(2)"两分两换"试点工作取得的初步成效。

①农村整体布局得到优化。嘉兴全市855个行政村(13111个自然村)将规划集聚到55个新市镇镇区和452个城乡一体新社区。村庄布点大大减少、人口集聚度大大提高。

②新市镇、新农村建设路子得到拓展。把"两分两换"与加快新市镇、新社区建设紧密结合起来,促进农民市民化、社区城镇化、城乡三次产业融合互动和城乡经济社会的转型升级,使试点工作成为新农村建设的一个新的有效载体,有力地拓展提升了现代新农村建设的内涵和层次。

③土地节约集约效果明显。如桐乡市龙翔街道新批宅基地从最大的

每户 160 平方米压缩到 120 平方米,联排自建式安置压缩率为 25%;姚庄镇的公寓式安置户均占地为 163 平方米,联排式安置户均用地 236 平方米,户均节约用地 533~573 平方米。通过宅基地(房产)置换,13 个试点单位的土地节约率都在 50% 以上,仅一期实施至少可节约土地 3.22 平方千米。

④农民财产性收入增加。试点安置房均为政府主导开发建设,不仅有政策支持(对置换农户补助和奖励)和规费减免,降低了置换成本,而且以公寓房安置的房产具有土地证、房产证,可以进入房地产市场,使农民财产得到了保值、升值。此外,在试点过程中,一些试点镇结合工业功能区和市镇商贸区建设,为农户安排了相应的产业和商业用房,搬迁农户可以通过入股等形式参与,获得租金红利,加上土地流转收益(每亩每年在 600 元以上,并逐年递增),可以获得长期稳定的收入。

⑤提振内需、发展转型。"两分两换"所推动的农房改造集聚成为拉动内需、确保增长的重要举措。嘉兴市农房改造集聚一期总投资约 84.24 亿元,投资计划预计 2010 年完成 50 亿元,占嘉兴全年固定资产投资的 4.5%,今后 10 年每年可拉动投资 200 亿元,带动消费 80 亿元,将为 GDP 增长贡献 1 个多百分点。

3.1.3 新时期改革完善城乡土地管理制度研究

以"两分两换"为核心的农村土地使用制度改革是嘉兴市统筹城乡综合配套改革的主要抓手和突破口,已经取得了初步成效。但是,由于改革的复杂性和任务的艰巨性,这项改革的进一步推进也面临着诸多矛盾和困难。

1. 新时期下城乡土地管理存在的问题

(1)土地权属关系的变化及其不确定性可能导致的后遗症。

现有耕地与宅基地的产权属性、产权所有人、产权所有关系的分配等,都需要在土地置换工作开始之前实现清晰化,否则会带来后遗症。但嘉兴市还来不及伴随着"两分两换"为所有农民的宅基地进行确地确权,颁发土地使用权证,这就可能引发不同时期参与宅基地置换的农民参照不同的土地确权手段,引起农民的不满,损害部分农民的权益。另外,即使是参与"两分两换"的农民,也没有在置换前获得原有住宅的土地使用权证,土地管理部门只是就试点村镇的整体面积予以确认,其他事宜均由村镇一级自己管理,虽然从执行上来看既节约了管理成本,也成功地为农民办理了置换手续,但这种不严谨的办法很可能会损害一部分农民的利益,没有权证的备案也可能会留下一些问题,导致今后的农民住宅纠纷。此外,嘉兴全市对农户宅基地制度还没有一个明确的政策安排,一些已经实现宅基地置换的农户,其后代子女今后是否仍旧可享受获得分配宅基地的权利尚未明确。

宅基地置换之后,居住方式发生了巨大的变化,乡村治理模式也会发生很大的改变,这就不利于集体资产在原村民的范围内提供公共服务。随着住房产权的可流转和人口的流入与流出,集体资产的产权关系将日趋复杂。在宅基地置换过程中,尤其是一些集体资产比较大的农村,由此产生的矛盾就可能成为制约宅基地置换的重要影响因素。这就需要政府在推动宅基地置换时提前根据各个村的情况做好集体资产的处置工作,以防止置换中或置换后产生矛盾和纠纷。

(2)"两分两换"需要巨额启动资金。

"两分两换"工作需要大量的启动资金。首先是要支付给农村集体和农民的土地补偿费、安置补助费、附着物及青苗补偿费等;其次是在新规划区域上建设农民住房也需要大量资金。在"两分两换"过程中,如何筹集足够的建设资金并实现资金平衡,始终是一个困扰项目实施的重大难题。

(3)建设用地复垦(周转)指标将纳入计划管理。

推行宅基地换住房,需要先建新后拆旧,以安置拆迁农户,新市镇的拓展和新社区建设都有一个用地指标的周转问题。从2010年下半年开始,复垦指标名称已改为城乡建设用地增减挂钩指标,复垦产生的新增耕地要与农用地、未利用地进行等面积置换,挂钩多余指标用于耕地占补平衡。据了解,浙江省国土资源厅(现浙江省自然资源厅)从2011年开始将建设用地复垦指标纳入计划管理。这意味着"两分两换"的推进,将受到用地计划的约束。

(4)置换完成后的土地经营压力大。

置换工作完成后,集体建设用地与标准化农地的经营风险是值得继续关注的问题,一旦经济效益恶化,出现厂房闲置的现象,农民的租金收入可能没有着落。如果不解决产业落地问题,农民的就业及长期收入就难以得到保障。另外,嘉兴市农地流转中支付给流出户的年租金达到了700元以上,远远超过浙江省其他地区,一部分土地先由农户流转给乡镇中介服务机构后,土地能不能以高于该数额的租金转包出去,并提高土地经营效率和效益,也将直接影响该项工作的可持续性。

2. 新时期改革完善城乡土地管理制度对策建议

完善城市更新规划编制体系。有序推进编制城市更新专项规划,明确更新的总体目标、引导策略,落实和深化上位规划的内容和要求;县(市、区)层面明确更新目标对象、更新片区和规模,制定更新实施计划,确定相应的实施机制和配套政策;更新片区规划以实施为导向,将更新要求纳入详细规划。

完善建设用地供应结构,推进土地要素保障与城市发展协同,优先保障民生、交通、能源、水利、环境、通信、军事等重大项目。实施差异化的供地策略,土地指标和供应规模向重点地区倾斜,确保土地要素保障更加精准。强化重大建设项目节约、集约用地的刚性约束,新上项目应达到国内同行业节约、集约用地的先进水平。文物古迹用地范围在符合相关法律法规要求的情况下,可根据实际勘测范围进行协调和增补。

建设用地增量供应,新增城镇建设用地指标向城市重点发展地区、战略平台倾斜,优先保障重大战略地区用地需求。特色城镇主要保障特色产业发展用地,原则上不再新增城镇建设用地。对超过用地标准的区域,实行差别化管控制度,严格控制新增城镇用地规模。衔接各专项规划,新增建设用地重点保障"十四五"期间重大基础设施、基本民生等用地需求,坚持土地要素跟着项目走、项目跟着规划走,实行差异化、精准化配置。

建设用地集约利用,持续优化城镇用地空间结构和布局,充分发挥各类用地功能和综合效益,促进城镇土地集约高效和可持续利用。积极探索渐进式、可持续的城市有机更新模式,推进重要功能片区、低效产业片区、老旧住区等有机更新,加强对工业遗产的开发利用,推动土地利用方式由外延粗放式扩张向内涵式效益提升转变。鼓励城镇建设用地复合利用。加强各类基础设施走廊的综合设置,重点推进轨道交通场站周边地区以及地下空间的综合开发利用。在保障土壤安全和环境品质的前提下,鼓励工业用地混合使用。

存量用地盘活,优先盘活城镇开发边界内符合规划的"批而未供"土地,健全年度供应计划评估和考核工作,推动存量土地盘活与新增计划指标分配挂钩,引导土地供应优先使用存量土地。加大闲置土地处置力度,推进"供而未用"土地加快开工建设,尽快建成使用。推动闲置费征缴、土地使用权回收等工作。对开发边界外长期"供而未用"土地进行重点评估,对不符合规划的土地加快处置。构建多主体参与、多元化改造、多元利益共享的再开发改造模式,推动提高开发强度、空间复合利用、功能混合布置、用途合理转换。深入开展低效工业用地整治,优化调整产业空间布局,挖掘存量低效用地空间潜力,提升低效企业亩均效益,综合采取政府主导、企业自主、市场主体参与等多种形式,推进低效工业用地扩容提密、消低增效。在符合相关法律法规的前提下,鼓励利用低效空闲房地资源补短养老、托育等急用短缺的公共服务功能。

推进 TOD(transit-oriented development,以公共交通为导向的开发),坚持地上、地表、地下三维立体空间统筹规划、建设利用,以轨道交通场站为重点,推进纵向与横向联动、功能多元复合、出行高效便捷的 TOD 开发模式。鼓励 TOD 开发项目优先用于保障性住房建设。研究制定 TOD 开发绿地率、人防、停车等配建要求差异化技术指标体系。对符合条件的新建类轨道交通站点,应编制 TOD 专项研究和城市设计,形成整体开发方案,实现规划、设计、建设、运营一体化。

鼓励用地复合利用,按照因地制宜、多方协同的原则,优化管理模式,支持土地功能复合利用和设施共建、共享,加强规划编制的用地弹性控制,完善功能复合用地实施管理规则。鼓励公共服务设施和市政基础设施的复合利用,鼓励工业、仓储、研发、办公等产业用地复合利用,鼓励公共服务设施和公共安全、社会停车等功能复合利用。

3.2 就业与社会保障体系的健全与完善

3.2.1 城乡就业体系改革的阶段与经验

统筹城乡就业是对传统二元就业制度的改革,是针对我国在特定历史时期存在城乡劳动力市场分割,在很大程度上以牺牲或损害农村居民的就业权益为代价来维护城市劳动者的就业特权这一现实情况提出的一种战略转移,是新时期就业工作重点转变的重要内容。嘉兴市作为经济运行市场化程度和经济发展水平较高的地区,在国有企业改革取得重大进展,扩大内需、维护社会和谐稳定、缩小城乡差别、满足国际制造业向本地转移对劳动力数量和质量的要求都越来越高的现实情况下,农村劳动力就业促进问题被逐步提上日程,使加快推进统筹城乡就业成为现实课题,为积极解决这一现实课题,嘉兴市委、市政府一方面从战略高度把统筹城乡就业放到经济发展战略的核心位置,统一规划,统筹考虑。另一方面把城市就业和农村就业作为一个有机的整体来看待,立足于城乡就业的内在联系和相互作用,对促进农村劳动力转移、保障城乡劳动者平等就业权益、加强和改进就业管理与服务等各项工作高度重视,根据城乡统筹不同的发展阶段,出台了一系列重要政策文件,采取了行之有效的措施,使嘉兴市统筹城乡就业工作不断深化。

1. 乡村工业化阶段

(1)打破"统分统包"的计划用工制度,逐步扩大就业渠道。

党的十一届三中全会后,劳动和社会保障制度改革首先是以打破"统包统配"的计划经济就业制度,实行"三结合"的就业方针为突破口,随之进行了劳动用工制度、企业工资分配制度和社会保险制度的改革探索。这一阶段改革的特点是，以建立社会主义市场经济体制为取向，以单项制度改革为主，对劳动和社会保障各项制度改革进行了初步的探索。

改革开放之前，我国长期实行"统分统包"的计划用工制度，这一制度使劳动力自由流动和使用受到严格限制，带来了一系列就业矛盾。到1978年十一届三中全会召开前，一大批留城知青和新成长劳动力亟待安置就业，社会就业问题成为各地政府亟须解决的一个难题。为了解决严重的失业问题，1980年8月，中共中央、国务院召开的全国劳动就业工作会议提出了"在国家统筹规划和指导下，实行劳动部门介绍就业、自愿组织起来就业和自谋职业相结合"的"三结合"方针。"三结合"就业方针的提出，打破了"统分统包"的传统劳动就业制度，并且允许个体经济发展，在所有制结构上突破了原有就业政策的框架，这是当时就业工作指导思想上的一次重大转变。嘉兴市各级劳动保障部门从转变人们的就业观念入手，积极探索新的就业思路和对策，允许、鼓励、扶持集体经济和个体经济的发展，建立了"职业介绍、就业训练、失业保险、劳服企业"四位一体的就业服务体系，大力兴办劳动服务公司，多渠道安置城镇失业人员。同时，农村家庭联产承包责任制的普遍实行，产生了农村富余劳动力，1980年9月，中共中央《关于进一步加强和完善农业生产责任制的几个问题》提出：允许有技能的农民走出田野，从事个体经营。这为农村富余劳动力转移开辟了新的途径，促进了农村富余劳动力自发、自由地向乡镇企业或城市的转移就业。这些改革不仅解放了生产力，而且也使嘉兴市巨大的就业压力在短短几年内得到了迅速缓解。

随着乡镇企业、个私企业、外商投资企业的发展以及国有企业改革的推进，嘉兴市还对劳动用工制度、职业培训制度进行了初步改革。1986年国务院发布《国营企业实行劳动合同制暂行规定》，嘉兴市国有企业开始对新招工人实行劳动合同制；1987年，嘉兴市通过采取择优上岗、优化劳动组合、进行合同化管理等形式搞活固定工制度；1992年，嘉兴市结合国有企业转换经营机制，开始试行全员劳动合同制。与此同时，嘉兴市着手进行职业培训制度改革,开展了在职工人的技术培训工作,实行技术工人等级考核办法,并通过举办技能竞赛活动,提高技术工人学技术、增技能的积极性。

(2)加快劳动用工制度改革,基本建立市场导向就业机制。

党的十四大明确指出我国经济体制改革的目标是建立社会主义市场经济体制。1993 年 11 月,党的十四届三中全会通过的《中共中央关于建立社会主义市场经济体制若干问题的决定》(下文称《决定》),将劳动和社会保障制度作为社会主义市场经济体制基本框架的重要组成部分,明确了养老保险制度实行社会统筹和个人账户相结合,提出改革劳动制度,逐步形成劳动力市场,为深化劳动保障制度改革指明了方向。1994 年,《中华人民共和国劳动法》颁布,为全面深化劳动保障制度改革提供了法律支持。按照《决定》要求,嘉兴市以建立社会主义市场经济体制为重点,以贯彻实施《中华人民共和国劳动法》为突破口,同步推进人力资源市场培育就业制度、劳动合同制度、职业技能培训制度、工资分配制度改革,劳动保障制度改革在各个领域全面展开。这一阶段改革的特点是,适应社会主义市场经济体制的要求,着力建立与之相适应的劳动和社会保障制度,实现了从计划体制向市场经济体制的转轨,建立符合嘉兴市实际的劳动和社会保障制度的框架。

进入 20 世纪 90 年代以后,随着企业改制和产业结构调整,国有、集体企业职工下岗问题日益突出。中央部署了确保国有企业下岗职工基本生活、确保企业离退休人员养老金按时足额发放的工作任务。浙江省委、省政府决定,用 5 年左右的时间,初步建立起适应社会主义市场经济体制要求的就业机制和社会保障体系,基本解决全省国有企业下岗职工的基本生活保障和再就业问题。围绕"两个确保",嘉兴市一方面做好确保企业离退休人员养老金按时足额发放工作,从 1998 年开始,嘉兴市做到养老金按时足额发放;另一方面通过"建中心、进中心"、确保国有企业下岗职工基本生活的同时,坚持实行"劳动者自主择业、市场调节就业、政府促进就业"的方针,大力培育劳动力市场,积极发展职业介绍中介服务机构;

鼓励发展民营经济，增强非公企业吸纳就业能力；加强劳动者技能培训，按照"先培训、后就业"的原则，建立了一大批就业训练中心和社会力量办学机构，实施了职业技能鉴定制度和职业资格证书制度，增强劳动者的市场就业能力。以《中华人民共和国劳动法》的实施为契机，嘉兴市在所有企业和个体经济组织推行劳动合同制度，到1995年底，嘉兴全市大部分企业职工都签订了劳动合同。2000年起，原劳动和社会保障部、原国家计委等7个部门联合发起了城乡统筹就业试点行动，取消城乡就业方面的不合理界限，逐步实现城乡劳动力市场的一体化。从2001年起，企业新的减员不再进入再就业服务中心，主要通过依法终止或解除劳动关系，给予经济补偿并按规定享受失业保险待遇，直接进入劳动力市场竞争就业。到2002年底，嘉兴全市再就业服务中心全部停止运作，实现了下岗与失业的并轨，市场机制在劳动力资源配置中的基础性作用不断增强。同时，嘉兴市开始开展城乡统筹就业工作，经浙江省劳动和社会保障厅同意，选择秀洲区开展城乡统筹就业试点，2002年又将试点扩大到秀城区（南湖区），初步形成了城乡统筹就业、城乡就业一体化的格局。

2. 农村设施建设阶段

（1）实施积极的就业政策，全面推进城乡统筹就业。

2003年以来，嘉兴市着眼于建立城乡统筹的劳动就业和社会保障体系，不断深化各项制度改革，坚持整体推进与重点突破相结合，制度创新与完善政策相统一，对劳动保障制度创新、机制转换方面进行了重点突破，劳动保障制度在走向全面保障的道路上迈出了重要一步。这一阶段是劳动保障制度改革力度最大、发展速度最快、社会关注度最高、各项劳动保障工作成效最为显著的时期。

随着经济结构调整、经济发展方式的转变和城市化的推进，嘉兴市劳动力供求矛盾和结构性矛盾问题日趋明显。各级政府把扩大就业放在更加突出的位置，坚持用改革的思路和办法解决就业及再就业问题。2003年以来，嘉兴市先后制定出台了三轮促进就业及再就业的政策，2004年和2008年，嘉兴市都将统筹城乡就业作为打造城乡一体化先行地的重要

内容。2004 年出台了《关于全面推进城乡就业一体化工作的若干意见》
(嘉政发〔2004〕35 号),建立市就业及再就业联席会议制度,健全城乡就
业一体化工作的领导和责任体系。按照统一政策措施、统一招聘市场、统
一服务制度、统一用工管理、统一社保体系等"五个统一"要求,推进就业
制度改革,营造城乡劳动力公平竞争环境;完善覆盖城乡的公共就业服务
体系和制度,整体推进人力资源市场和信息化建设;建立健全职业培训制
度,全面实施农村劳动力素质工程;加强劳动用工执法监督制度建设,切
实保障劳动者合法权益;积极探索完善与统筹城乡就业相适应的多层次
社会保障体系。嘉兴市被列为全国统筹城乡就业试点工作城市,获得联
合国农村劳动力转移培训和就业援助项目,并启动了充分就业社区、充分
就业村创建工作。嘉兴市以点扩面,整体推进"两个充分创建"活动,有效
地解决了城镇零就业家庭和农村低保户家庭的就业困难问题,城乡劳动
者平等充分就业的机制基本形成。

(2) 打破城乡户籍界限,形成城乡一体的就业体系。

通过多年的改革,嘉兴市已打破城乡区域和身份户籍界限,基本形成
了城乡一体的促进就业政策体系和服务体系,城乡劳动者就业环境明显
改善。一是就业规模不断扩大。2004—2008 年,全市实现新增就业岗位
28.8 万个(其中市区 9.1 万个);帮助 14.4 万名下岗失业人员实现再就
业,其中帮助就业困难人员再就业 4.2 万人,城镇登记失业率已下降到
3.6%;农村劳动力转移技能培训 35 万余人,转移就业 27.3 万人,农村劳
动力从事一次产业的比例下降到 17.2%,占社会从业比例的 7.2%。被
征地人员 36.7 万人,其中在劳动年龄段内的 20.1 万人中有 17.4 万人实
现了就业,就业率上升到 86.6%。

二是公共就业管理和服务进一步加强。实行全社会人力资源的统一
管理,市和各县(市、区)均建立了人力资源市场,公共就业服务平台向街
道(镇)、社区(村)延伸,就业服务的信息化水平不断提高。全面开展充分
就业社区、充分就业村创建,重点抓好城镇"零就业家庭"和农村低保户家
庭的就业安置工作,基本建立了就业援助、就业帮扶的长效机制。

三是城乡劳动者技能素质逐步提高。强化再就业培训和农村劳动力转移培训工作,在提高劳动技能和就业能力上下功夫。

3.城乡统筹和城乡融合阶段

嘉兴市坚持总体规划、分类指导、相互配套、分步实施的原则,把统筹城乡就业放到经济发展战略的核心位置,统一规划,统筹考虑。在推进统筹城乡就业上以"五个统筹"作为新发展观的根本要求,把统筹城乡就业作为统筹城乡发展的重要内容,坚持全面、协调、可持续的发展观,全面处理好经济发展、社会发展和人的全面发展的关系,统筹城乡就业成为嘉兴市在经济发展的基础上同步推进社会事业发展的重要举措。

(1)坚持制度创新与政策完善相统一,建立了城乡统筹就业的政策体系。

①实施积极的就业扶持政策。嘉兴市先后实施了三轮就业扶持政策,其中前两轮政策主要是针对城镇的四类人:一类是国有企业的下岗职工;二类是国有企业的失业人员;三类是国有企业关闭破产需要安置的人员;四类是享受最低生活保障并且失业一年以上的城镇其他失业人员。实际上受助人员大部分仍然源自国有企业的下岗失业人员,其原因是沿袭计划经济时期形成的路径依赖。实施新的就业扶持政策,政策的享受对象由原来的四类人扩展到政策享受对象分为一般登记失业人员和就业困难人员,分别凭"就业和失业登记证"和"就业援助证"享受相关政策。就业困难人员为全部永久流转土地承包经营权的长期失业人员(即失业登记6个月以上)、无地居民中的"4050人员"、无地居民中的零就业家庭成员(2人以上)、享受城乡居民最低生活保障中的劳动年龄段内有一定劳动能力和就业愿望的人员、城乡低保边缘户人员、需赡养患有重大疾病直系亲属的人员等六类人作为就业困难人员,实施重点帮扶。一般失业人员享受职业介绍和培训两项补贴,就业困难人员除享受职业介绍和培训两项补贴外,还可享受税费减免优惠、社会保险、岗位补贴、小额担保贷款贴息等政策。

②鼓励企业招用就业困难人员的社会保险补贴。企业新增岗位招用

就业困难人员,与其签订1年以上期限劳动合同并缴纳社会保险费的,经县(市、区)劳动保障部门核定,按实际招用人数,在相应期限内给予社会保险补贴,期限最长不超过3年。

③稳定就业困难人员灵活就业的社会保险补贴。就业困难人员灵活就业,从事个体经营,给予每人1000元的一次性再就业补贴。对从事个体经营或灵活就业后,申报就业并缴纳社会保险费的,给予期限最长不超过3年的社会保险补贴,补贴标准为每人每月200元。

④公益性就业岗位补贴。组织开展公共就业服务和"一对一"就业援助,及时帮助就业困难群众和零就业家庭人员实现就业。政府投资开发的公益性岗位要优先安排企业失业人员的就业困难人员。在公益性岗位安排就业困难人员,并与其签订1年以上期限劳动合同和缴纳社会保险费的,经县(市、区)劳动保障部门核定,按实际招用的人数,在相应期限内给予岗位补贴每人每月100元和社会保险补贴。就业困难人员中,男50周岁、女40周岁以上人员在公益性岗位工作超过3年的,社会保险补贴期限可适当延长。

⑤职业技能培训。鼓励支持各类职业院校、职业技能培训机构和用人单位依法对失业人员、被征地人员、自愿全部放弃土地承包经营权的人员及在本市就业创业获得市级以上优秀进城务工人员证书(荣誉称号)的人员经培训后取得职业资格证书或职业技能培训结业证的,按每人最高不超过500元的标准给予补贴。

⑥实施创业促进就业政策。实施以SIYB(创办和改善你的企业)创业培训为主要内容的集创业培训、项目评估、政策咨询、就业服务于一体的"一条龙"创业服务。对失业人员和高校毕业生开展创业培训,取得国家统一的"创业培训合格证书"的,由当地政府根据物价部门核定的标准予以一次性补贴,每人最高限额不超过2000元。

⑦实施针对特殊人群的就业援助政策,如被征地人员就业扶持政策、"两分两换"人员政策。

被征地人员就业政策根据《嘉兴市区土地征用工安置暂行规定》(嘉

政发〔1993〕134 号)、《嘉兴市区土地征用人员分流办法》(嘉政发〔1998〕200 号)、《嘉兴市人民政府关于贯彻浙政发〔2003〕26 号文件的若干意见》(嘉政发〔2004〕67 号)等文件规定,有如下内容。

a. 16 周岁以下人员,按年龄计算一次性发给征地安置补偿费(标准为:3000＋200×年龄)。

b. 征地时已享受城镇职工基本养老保险待遇的人员,发给一次性征地安置补偿费 12000 元。

c. 养老保障安置方式。

(a) 征地时达到退休年龄(男满 60 周岁、女满 50 周岁)及以上的被征地农民一次性补缴 15 年养老保障统筹费,次月开始按月发放养老保障生活费,并发给"嘉兴市被征地农民养老基本生活保障证"。

(b) 征地时男 45～60 岁、女 35～50 岁的被征地农民,一次性补缴 15 年养老保障统筹费,到退休年龄后按月发放养老保障生活费,退休前每月发给 160 元的生活补助费和医疗包干费,并发给"嘉兴市被征地农民就业证""嘉兴市被征地农民养老基本生活保障缴费手册"。

(c) 征地时男 16～44 岁、女 16～34 岁的被征地农民,按其在农村劳动年限(16 周岁起算)每满一年补缴一年养老保障统筹费,最高为 15 年,并发给 8000 元的补助费,并发给"嘉兴市被征地农民就业证""嘉兴市被征地农民养老基本生活保障缴费手册"。

(d) 征地时属于劳动年龄段内,没有工作并有就业愿望的被征地农民,可办理就业证,符合条件的凭就业证到户口所在地区、街道申请"再就业优惠证",可享受就业指导、技能培训、职业介绍等减免政策。

"两分两换"人员就业政策:对自愿全部放弃和全部流转土地承包经营权的大龄人员,列入新一轮就业扶持政策范围内,按规定享受包括职业介绍补贴、培训补贴、岗位补贴、社会保险补贴等相关政策。

⑧ 实施城乡一体的失业保险政策。参保人员不分有地居民、无地居民,根据个人意愿自行选择,按同一比例缴费,同一标准享受,同一制度管理。

（2）坚持以人为本、服务至上，建立了全方位、多层次的城乡公共就业服务体系。

①建立完善城乡一体化的市、县（市、区）、镇（街道）三级人力资源市场体系。

按照覆盖城乡的要求，嘉兴市调整了市场布局，完成了政府举办的各类市场的整合，将各类劳动力市场名称统一为"人力资源市场"，市、县（市、区）9个人力资源市场加大投入，全部得以重建或改建，进一步改善设施和环境。市区投资近 4000 万元，易地重建了市人力资源中心市场，其设施完善，业务流程全程信息化，功能齐全，可为所有用人单位和所有劳动者提供"一站式"全方位的人力资源交流服务，发挥了较好的示范效应；建设中心城镇市场或设置人力资源招聘交流场所，把市场延伸到农村。

②建立完善城乡一体化的就业信息网络体系。完善人力资源市场信息网络。以公共事务信息网为依托，构建本市统一的公共事务信息网络平台。就业信息系统作为其中的一个模块，在市级及三个区的街道、镇投入使用。该信息网络建成后，可实现有形市场与无形市场的对接，人力资源市场信息可直接发布到社区、村。

③建立完善城乡一体的市、县（市、区）、镇（街道）、村（社区）四级劳动就业保障工作平台（组织体系），完善劳动保障基层组织网络。按照资源整合、重心下移的原则和机构、人员、经费、场地、制度、工作"六到位"的要求，完成了 21 个街道劳动保障（社会事业）工作平台建设，57 个镇通过新设、挂牌、合署等形式，建立乡镇劳动保障（社会事业）所，221 个社区建立了社会事业站，589 个行政村建立专（兼）职劳动保障协理员队伍，劳动保障基层组织网络延伸到村。

（3）坚持提升素质，建立覆盖城乡的职业培训体系。

在做好就业及再就业工作的同时，强化再就业培训和农村劳动力转移培训，注重劳动者技能和就业能力的提升，提高就业质量。

（4）坚持实施新型劳动监察体制，建立城乡一体化的劳动用工执法监督体系。

①实行新型的劳动监察网格化、网络化管理。

逐步实现劳动保障监察的主动实时动态监管。南湖区已建立网格化劳动保障法律体系,海宁市、平湖市已建立了村(社区)级劳动保障监察协理员制度,正在形成"横向到边,纵向到底"的市、镇(街道)、村(社区)三级劳动保障监察网络;嘉善县、海盐县、秀洲区、桐乡市、嘉兴港区已制定方案进行试点并将全面铺开。

②以打造"嘉兴不欠薪城市"品牌为抓手,加强基层劳动执法监督。

嘉兴市提出了打造"嘉兴无欠薪"城市品牌活动,政府实行两会制度,并在企业实行"一卡两牌"制度(即工人工资卡制度和民工维权告知牌、民工工资公示牌制度),和"三春行动"等专项执法检查,健全了预警、应急、工资支付保证、诚信、协调等五大机制,规范企业的工资支付行为,形成了比较完善的企业工资支付保障机制,完善了企业欠薪保证金和政府清欠基金措施,加大了对企业恶意欠薪行为的打击力度,维护了劳动者的合法权益。

③积极推进劳动关系三方协商机制建设,重点放在镇(街道)一级。

通过加强三方机制的组织制度建设,采取联合调查、联合下发文件、联合进行部署、联合宣传培训、联合监督检查、联合调处重大劳动争议和群体性突发事件等措施,发挥各级工会职能,推动三方协调机制向乡镇、街道、社区延伸,建立三方协调机制,逐步形成了"主体协商、三方指导、政府调控、依法规范"的格局。

(5)坚持以充分就业社区、充分就业村创建为抓手,以实施联合国开发计划署项目为契机,进一步深化统筹城乡就业。

嘉兴市全面启动创建充分就业社区活动,深入推进就业援助工作。在创建活动中,全市各地依托社区,加强对零就业家庭的动态管理服务,落实对零就业家庭的援助政策,实现了入户调查定期化、登记认定经常化、管理工作规范化、援助服务制度化。通过开发公益性岗位,实行一对一托底安置。

在巩固充分就业社区创建成果的基础上,将创建工作由城镇延伸到农村,在全市范围内率先开展充分就业村创建工作,促进城乡居民平等充分就业。基本完成嘉兴市统筹城乡就业试点评估报告、进城务工人员就业服务和职业培训现状分析和完善相关政策制度报告。制定进城务工人员就业服务模型和进城务工人员就业服务模型的实施方案,制定进城务工人员就业危机处理应急预案。

3.2.2 新时期统筹城乡就业体系改革研究

经过几十年的改革发展,嘉兴市经济社会发展取得了长足进步,正进入经济转型、社会转型的关键时期,经济转型升级、统筹城乡发展成为重要的特征。未来,城乡统筹就业工作将面临重大的战略转变和新的要求。

1. 新时期下城乡就业存在的问题

(1)城乡二元结构体制性障碍仍然存在,户籍制度带来的问题表现突出。

一方面,大部分进入城镇就业的农村劳动力,即使长期在城镇居住、就业和生活,却仍保留农业户口,成为城镇化进程中一个特殊的边缘群体。城乡劳动力身份地位不完全平等,农村劳动力往往处于弱势,他们进城就业,主要从事累、苦、脏的工作,报酬相对偏低,往往仅能维持家庭在城市里的基本生活。同时,因为没有城镇户口,其在就业、教育、医疗、住房方面要比城里人支出更多;在福利享受方面比城里人要低,影响和制约了进城务工人员向城镇转移的积极性;一些单位在招工中仍没有打破户籍限制,一些厂在招工时,部分岗位不收持农村户口的人员。户籍仍是一个门槛。

另一方面,由于附加在户口管理上的诸多职能,致使人户分离现象突出,如出生登记不了、死亡不注销、婚嫁办理不了户口迁移手续等。因此要取消附加在户籍制度上的非户籍功能,如计划生育管理功能。

(2)用工不规范和工资偏低问题突出,产业结构面临转型。

劳动用工不规范、工资水平偏低,影响和制约着进城务工人员向城镇转移就业的积极性。部分用人单位招用农村剩余劳动力时,劳动报酬偏低、超时工作、拖欠工资的现象时有发生,甚至有私营企业和个体工商户对进城务工人员另眼相待,不签订劳动合同,不缴纳社会保险费,拖欠工资或不按时支付工资,还经常需要进城务工人员加班加点,严重挫伤其积极性和就业稳定性。一般外来普工月收入在扣除各种成本费用后所剩无几,加上外出打工存在诸多不确定风险,导致农民不愿进城就业。

(3)社会保障制度问题。

目前嘉兴市已基本建立起相对完善的社会保障制度,城市居民就业后,可以参加养老、工伤、医疗、失业等方面的社会保险。农村的基本社会保险虽已基本建立起来,但农民进入城镇就业,还是存在用人单位不按规定为他们投保的现象。

(4)就业服务和就业管理体制问题。

受传统体制的影响,统筹城乡就业管理制度不够完善,市场就业服务体系不健全,还不能适应城乡就业一体化的需要。目前大多数基层镇均未能建立劳动力供求信息网络,仅有的劳动力市场信息网络提供的劳动力供求信息,远远无法满足进城务工人员对劳动力供求信息的需求,从而增加了转移就业的难度。就业服务机构亦没有全面向乡镇和村社延伸,大多数贫困地区没有规范的就业服务机构,没有经费保障,没有现代化的信息网络,没有专门的职业培训机构,难以向农村劳动力提供优质、高效的服务,这也在很大程度上制约着农村劳动力的就业转移。

(5)劳动者的技能和培训问题。

农村劳动力职业技能素质偏低、就业竞争能力弱,这是制约农村劳动力就业转移的主要因素,主要体现在以下几个方面:一是文化水平低,尤其在35岁以上的群体中最为突出;二是技能缺乏,农村剩余劳动力中有技术专长尤其是受过职业技能培训的很少,不能适应非农产业的发展要求,制约了剩余劳动力的转移;三是对技能培训兴趣不高。不少农民进城务工的稳定性不强,进城务工一段时间后又回流到村里,重新成为农村剩余劳动力。究其原因,主要是有些农民文化水平低、无一技之长,找不到合适的工作,收入低,无法或不愿在城里扎根。一方面,不少企业在本地招不到工人,影响了企业的发展;另一方面,滞留在农村的剩余劳动力,由于职业技能素质偏低,存在就业找工难的问题。"招工难"和"就业难"相互交织,造成"有工无人做,有人无工做"现象,使劳动力资源难以有效配置,阻碍了农村劳动力的流动。

(6)农村劳动力的就业转移稳定性较差,制约劳动生产率的提高。

在现阶段的就业市场发展态势下,众多进城务工人员在由农业领域向二次产业、三次产业转移的过程中,倾向于选择临时性或季节性的就业模式。这一趋势使得他们在与用人单位订立劳动合同时,合同的期限往往限定在一年之内。鉴于此,进城务工人员群体的就业稳定性普遍有待提高,同时,也呈现出一定的就业流动性特征。

2. 新时期下城乡就业改革的对策建议

(1)落实科学发展观,实施就业优先的发展战略。

树立就业优先的理念,将扩大就业作为经济和社会发展的重要目标,制定发展战略,调整经济发展模式,确保社会就业更加充分目标的实现。按照《中华人民共和国就业促进法》的要求,进一步强化政府发展经济和调整产业结构增加就业岗位、制定实施积极的就业政策、规范人力资源市场、完善就业服务、加强职业教育和培训、提供就业援助等促进就业方面的重要职责。建立促进就业的目标责任制,建立促进就业工作的考核和监督制度,将"保增长"与"保就业"有机协调起来,努力实现经济平稳增长与就业稳步扩大的双重目标。实行有利于促进就业的财政政策,建立促进就业专项资金,加大资金投入,实施有利于就业的经济社会综合政策。

(2)坚持实施积极的就业政策,扩大就业规模。

建立健全各项促进就业的政策,完善再就业援助办法,实现就业与失业保险、最低生活保障政策的衔接,形成促进就业的长效机制。完善市场就业机制,鼓励劳动者自谋职业、自主创业和灵活就业,扶持失业人员通过灵活多样的形式实现就业和再就业。统筹城乡人力资源管理,做好城乡新增劳动力就业、农村富余劳动力转移就业、失业人员再就业工作。多渠道开发就业岗位,增加就业容量。大力开展跨地区劳务协作和对外劳务输出,引导农村劳动力有序转移就业。增加财政预算中的就业专项资金,确保促进城乡充分就业工作的各项投入。优化资金支出结构,规范就业专项资金的使用,加强监管,开展绩效评估,发挥资金使用效益。

（3）深入推进充分就业社区、充分就业村创建,全面建设城乡劳动者平等充分就业的服务体系。

以充分就业社区、充分就业村创建作为统筹城乡就业的抓手,建立健全基层公共就业管理和服务平台,全面落实各项扶持政策,着重解决城镇困难人员就业问题,消除"零就业家庭",确保"出现一户、帮扶一户、解决一户"。结合新农村建设,积极鼓励农民从事家庭工业和三产服务业,引导以村为单位组建公益性服务组织,开发农村公益性岗位,基本满足本地被征地农民和农村劳动力就业需求,特别是农村低保家庭成员的就业需求。建立健全四级就业服务组织,广泛开展"春风行动"等专项就业援助活动和就业困难人员个性化服务活动,推进就业服务信息化建设,提升就业服务整体水平。

（4）增强各级人力资源市场综合功能,强化市场配置资源的基础性作用。

加强人力资源市场建设,实现人力资源市场向新市镇的全覆盖。加快劳动力市场信息化建设,实现市域就业服务信息的全市联网,并向社区、村延伸。鼓励发展民间职业介绍组织,建立就业项目经纪人制度,把就业再就业作为一个项目来实施,实行绩效评估。完善市场导向的就业机制,充分发挥人力资源市场在配置劳动力资源中的基础性作用,实现劳动者和用人单位供求双方相互选择,调节劳动力的供求,引导劳动者合理流动和就业。切实保障劳动者的择业自主权、创业自主权和用人单位的用人自主权。同时,规范企业用人行为和人力资源市场秩序。

（5）以创业培训为龙头,增强城乡劳动者的就业、创业能力。

全面开展SIYB创业培训,完善创业项目资源库,培训后的劳动者开业率达到 50% 以上。积极探索和建立适合民间创业型中小型企业发展需要的融资机制,加大信贷支持力度,建立创业担保基金,搭建创业咨询服务平台,指导有创业愿望的劳动者创办、改善企业。坚持和完善职业资格证制度,广泛开展城镇失业人员再就业培训、农村劳动力转移就业培训和进城务工人员技能提升培训,不断提高劳动者的创业能力、择业能力和岗位工作能力。注重高技能人才培养,全市建立布局合理、功能完善、特色鲜明的高技能人才公共实训基地,形成覆盖城乡的就业培训组织体系。根据区域经济特色和新增就业领域的特点,制定培训规划,增强培训效果,促进培训与就业的有机结合。

（6）强化失业治理,保持就业局势稳定。

建立就业和失业的评估制度,在制定社会经济发展战略、改革经济制度、制定宏观政策措施时,对预期的就业影响进行评估,从源头控制失业。建立失业预警机制,制定失业调控预案,采取法律、经济和必要的行政手段,有效控制失业率。规范企业重组改制和关闭破产等方面的工作,加强对企业裁员的指导协调工作,切实维护职工合法权益。把城乡劳动力资源作为一个整体通盘考虑,建立覆盖城乡的劳动力资源库和就业统计制度,实行农村劳动力就业和失业登记制度,实现城镇登记失业率向城乡调查失业率监控方式的转变。针对劳动力市场灵活性增强、稳定性下降,以及广大劳动者对体面劳动的要求,进一步加强就业保障工作。健全对就业困难群体的就业援助制度,确保动态消除城镇零就业家庭,以及农村低保户中有劳动能力和就业愿望者至少 60% 实现就业,帮助他们通过就业来融入社会,分享社会发展的成果。

（7）密切关注国际市场,积极防范贸易摩擦对劳动密集型行业的影响。

目前,我国在国际市场上具有一定优势、易引发贸易摩擦的行业大多是劳动密集型、吸纳人员就业多的关键行业。金融危机爆发后,贸易保护主义抬头,国际贸易摩擦将呈现出常态。国际贸易摩擦对就业产生的影响应当引起高度的重视。要针对贸易摩擦和汇率变动等不确定性因素增加的情况,密切关注其对有关行业就业造成的影响,提出应对措施。

3.2.3 新时期城乡社会保障体系改革的主要内容和对策

以推动科学发展、和谐发展为核心，以保障和改善民生为重点，统筹城乡就业和社会保障，积极实施扩大就业的发展战略，促进以创业带动就业；全面落实覆盖城乡的社会保险制度，不断提高保障水平；大力推进城乡新型社会救助体系建设，进一步提高社会救助能力。在长三角地区率先建立与国民经济和社会发展相适应的全面覆盖、比较完善、城乡一体的劳动就业和社会保障体系，形成以政府为主导，社会各界广泛参与、法治化、规范化、社会化的运行机制，建立健全劳动就业、社会保险、社会救助等相互衔接、相互促进的工作联动机制，实现社会就业平等充分，社会保险健全完善，社会救助全面协调，社会关系和谐稳定，管理服务规范高效，城乡居民劳有所得、病有所医、老有所养、住有所居的目标。

1. 新时期城乡社会保障体系存在问题

嘉兴市在全国率先实行了养老保险全覆盖的政策，农民也实现了100%的农村合作医疗，虽然投入较多，但养老保险和合作医疗的保障水平不足以解决农村居民进城之后的生活保障，因此社会保障问题依然突出，也就是说没有完全解除进城农民的后顾之忧，再加上人口老龄化问题，社会保障投入仍显不足，保障水平需要进一步提高。

2. 新时期城乡社会保障体系建设对策研究

（1）完善城乡一体的社会养老保险制度。

按规定完善社会统筹与个人账户相结合的职工基本养老保险制度，逐步做实个人账户。积极推行企业年金制度，建立多层次的职工养老保险体系。探索建立新居民务工人员在本市范围内可接续、可转移职工基本养老保险关系的办法，积极推进职工基本养老保险区域一体化。以贯彻《中华人民共和国劳动合同法》为契机，以督促非公有制企业、城镇个体工商户和灵活就业人员参保为重点，进一步扩大养老保险参保范围。全面实施城乡居民社会养老保险制度，实现城乡居民社会养老保险基本全覆盖。按规定调整企业退休人员养老金待遇和相关社会保障人员的养老金待遇,不断提高城乡居民的养老保障水平。

(2)建立一体化、多层次的城乡居民医疗保险制度。

深化医疗保险制度改革,完善多层次职工医疗保险制度,健全运行机制和管理办法,实现区域医疗保险一卡通。完善城乡居民合作医疗保险制度,逐步增加筹资额度,提高保障水平。加快市和县(市)合作医疗保险制度的衔接,实现城乡居民合作医疗保险制度与城镇职工基本医疗保险制度的接轨。积极推进医疗卫生体制、药品流通体制的配套改革,加强城乡医疗服务体系建设,扩大医疗保定定点医疗机构,规范医疗机构行为。坚持合理检查、合理用药、合理收费,努力减轻城乡居民的医疗负担。强化医疗保险基金监管,医疗保险基金节余率控制在合理的水平。完善医疗保险信息系统,逐步统一市和县(市)医保政策,实现全市范围内医疗保险参保人员就医刷卡的即时即报,并探索向周边城市延伸。

(3)积极推进失业保险制度改革。

实行统一的缴费费率、征收管理办法、失业保险待遇、支付办法,建立城乡一体的失业保险制度。扩大失业保险覆盖面,重点加强个体工商户、非企业组织和农村转移劳动力、新居民务工人员的参保工作,探索建立自谋职业、自主创业和灵活就业人员的失业保险办法,实现失业保险制度的全覆盖,做到应保尽保。

(4)加强工伤、生育保险制度建设。

进一步完善工伤、生育保险的操作办法,探索建立特殊行业工伤保险全覆盖办法,不断扩大工伤、生育保险覆盖面。

(5)进一步完善最低生活保障制度。

继续推进分类施保,强化动态管理,逐步实现低保制度与最低工资制度、城乡居民社会养老保险制度的衔接,从根本上解决低保家庭的生活保障问题。探索重度残疾患者低保办法。加大对低保工作的管理力度,建立和完善低保家庭申报听证和收入核查办法,规范城乡低保申请、审批程序,实现低保管理的规范化,做到应保尽保、应退则退。

（6）进一步实施分层分类救助。

完善分层分类救助办法,重点帮扶有重大疾病、年老体弱、残疾和丧失劳动能力的低保、低保边缘人员。积极实施就业援助、帮困助医、帮困助学、住房解困,以及法律援助、残疾人救助、流浪乞讨儿童援助等专项救助,逐步形成以保障社会困难群体基本生活为主,帮助就业、帮困助医、住房解困、帮困助学等专项救助为补充的一体化、多层次、多方位的社会救助体系,探索建立即时救助机制。

（7）进一步巩固集中供养成果。

完善以集中供养为主、分散供养为辅的供养体系,建立健全农村"五保"、城镇"三无"人员集中供养的长效管理机制,探索建立重特困残疾人集中供养（托养）办法。在全市所有敬老院设立医务室,并与当地卫生院实行定点挂钩,提供即时医疗和康复服务。积极推进敬老院规范化创建工作,配好康复人员和康复器材,提高服务水平,巩固集中供养成果。广泛开展社会化养老服务示范活动,积极推进社会化养老。

（8）进一步发展慈善事业。

积极培育发展各类社会慈善组织和专业志愿者服务组织,大力开展形式多样的慈善活动。加强社会捐赠管理,依托基层社会事业服务机构,设立社会捐助接收站（点）,广泛开展专项和经常性捐赠活动,积极推广"慈善超市"和"爱心超市",使社会捐助活动经常化、制度化、规范化,形成政府支持、社会举办、公众参与的慈善事业发展新局面。

（9）进一步加强困难职工帮扶工作。

健全工会组织四级帮扶体系,加大对困难职工的帮扶力度,逐步提高慰问和救助标准,重点完善特困职工医疗优惠政策,提高医疗补助标准。探索在优势行业、大型企业中建立职工医疗互助补充保险工作,充分发挥基层组织的互助互济作用,推动送温暖工程经常化、制度化、社会化。

（10）进一步加强住房保障工作。

以满足城市低收入家庭基本居住需求为目标,建立以廉租住房制度为重点、经济适用住房制度和老住宅区综合改造、新居民居住条件改善等多渠道并举的城市住房保障体系。到 2010 年,基本实现低保标准两倍以下低收入住房困难家庭廉租住房应保尽保;市区确保每年新建 8 万平方米经济适用住房,基本满足低收入住房困难家庭购买或租赁经济适用住房;基本完成现有老住宅区的综合改造,城郊接合部探索建设新居民临时居住点。结合新农村建设,推进农村贫困户的危旧房改造工作,全面完成现有农村危旧房改造任务,并做到出现一户改造一户。

3.3 户籍制度与人口流动管理的革新

2025 年,中共嘉兴市委、嘉兴市人民政府印发《关于争创新时代高水平城乡融合发展典范的行动方案》(嘉委发〔2025〕1 号),提出加快推进城乡融合发展,争取在全国范围内率先实现城乡一体化。然而,以户籍制度为核心的社会保障体制、社会救助制度、公共服务制度、义务教育制度等城乡有别的制度分割,成为推进城乡一体化的主要障碍。改革城乡户籍管理制度是加快城乡一体化进程的重要推动力量,为贯彻统筹城乡经济社会发展战略,全国不少省、市先后对户籍制度改革工作进行了探索实践。嘉兴市作为省委要求"率先实现城乡一体化"的地区,近年来对户籍制度进行了多次改革,逐步扫除城乡一体化中的一些政策性、制度性障碍。新时期城乡统筹户籍管理制度的改革旨在通过打破城乡壁垒,促进"人"和"地"的双向流动,优化资源配置,提升城乡融合的效率和质量,实现城乡融合从"单向输血"向"双向共赢"跨越。

3.3.1 统筹城乡户籍制度改革的主要内容

户籍管理是国家行政管理的重要组成部分和重要基础性工作,也是国家行政管理的一项基本制度。其主要功能是建立对公民身份情况的登记,确认公民的权利能力和民事行为能力,证明公民身份,便利公民参加各类社会活动;同时能为政府制定国家经济和社会发展规划、配置劳动资源等提供人口数据及相关基础性资料。我国现行的户籍管理制度是中华人民共和国成立后逐步建立起来的,在过去几十年的计划经济时代,户籍管理实行严格控制城市人口和非农人口增长的政策,在实现原始积累、重点发展城市经济、推进工业化快速发展及维护社会秩序等方面发挥了重要作用。但随着社会主义市场经济体制的逐步建立和完善,现行户籍制度阻碍了城市的发展和农业现代化,不利于我国农业人口城市化顺利进行;"人户分离"的大量存在,也极大地增加了对人口进行精确管理的难度;户口迁移规定僵硬,难以满足公民正常迁移的需要。深化户籍制度改革势在必行,地处沿海开放地区、城乡差别相对较小的嘉兴市,率先开展统筹城乡户籍制度改革有着极其重要的意义。

1. 深化户籍制度改革是统筹城乡发展、加快城乡一体化的必由之路

城乡一体化是城市发展的最高阶段。从世界范围来看,当一个国家或地区城市化水平达到或超过50%时,城市化对经济社会发展的作用越来越大,城市文明急剧向农村辐射,城乡融合速度进一步加快。目前,我国的工业化已有相当高的水平,但城市化严重滞后于工业化。长期以来,由于户籍制度的限制,嘉兴市农村劳动力转向城市就业的渠道不够畅通,导致嘉兴市城市化水平低下。改革开放以来,嘉兴市城市化取得积极进展,在带动经济社会发展中发挥了重要作用。但是,与国外发达国家城市化水平相比,嘉兴市城市化水平明显滞后,不能适应新阶段经济社会的发展,劳动力长期沉淀在农业部门得不到有效转移而成为沉重的负担。因此,以"居民户口"代替"农业户口"和"非农业户口"为主要内容的深化户籍制度改革,是全面繁荣嘉兴市农村经济、推进城乡一体化的必由之路。

2. 深化户籍制度改革是实现城乡公民身份平等、保障公民合法权益的战略选择

始于以供应城镇居民定量粮为标准的农业户口和非农业户口性质划分,并由此派生出来的国家将住房、医疗、教育、就业、保障等公民的权益事务与户口性质挂钩的做法,把城乡居民划分为两个身份不同的社会群体,并使这些身份、地位、权利的差别长期固定,而且延及后代,从而导致了占多数的农村人口逐渐成为弱势群体。户籍改革将取消公民的农业、

非农业、蓝印户口、小城镇户口等户口性质划分,统一登记为居民户口,这在户口身份上实现了城乡公民的平等。随着按居住地登记户口制度的确立,废除了公民在户口迁移上的不平等政策,能基本实现公民的迁徙自由。同时,实行城乡一体化,深化户籍制度改革,势必推动相关部门行政管理体制改革,逐步剥离附加在户籍上的不合理功能,消除户籍制度派生出来的城乡差别政策,为最终实现全市公民享受统一的国民待遇奠定良好的基础。

3. 户籍管理制度改革是嘉兴市经济发展、社会进步的必然要求

嘉兴市作为沿海开放地区,经过改革开放四十多年的不懈努力,经济和社会事业取得了显著成绩,综合实力明显增强,为城乡一体化户籍管理制度改革创造了较好的物质条件。同时,随着近年来统筹城乡工作取得新的进展,社会保障改革实现新的突破。统筹城乡就业取得突破,全市城乡一体化的劳动就业市场初步形成。城乡居民低保实现一体化管理,基本养老保险覆盖范围不断扩大。医保和城乡居民合作医疗制度不断完善,全市乡镇、村合作医疗覆盖率均达到100%。以上不但有力地促进了嘉兴市经济社会的发展,而且也为城乡一体化户籍管理制度改革奠定了基础、积累了经验。

3.3.2 统筹城乡户籍改革的阶段与经验总结

为了使户籍管理制度适应形势发展的需要,嘉兴市各级公安机关根据市委、市政府的要求和上级的有关文件精神,根据城乡统筹发展不同阶段的主要矛盾与发展目标,采取一系列重大措施,改革和完善户籍管理制度,降低农业人口进城落户门槛,加快城市人口集聚,从而推进了嘉兴市的城市化发展,促进了经济建设。

1. 乡村工业化阶段

(1)实行"蓝印户口"政策。

为了在不与国家政策正面冲撞的前提下,妥善处理户籍管理制度与经济社会发展的矛盾,嘉兴市从1991年开始为实际居住在城镇或在城镇

有相对稳定职业的农民办理"蓝印户口",并明确规定"蓝印户口"属非农户口,与当地城镇居民享受同等待遇。据统计,从 1991 年到 1995 年,全市共办理"蓝印户口"33919 人。

(2)实行吸引人才和鼓励投资兴业户口政策。

为了适应市场经济发展的需要,鼓励国内外企业家来嘉兴市投资兴业,吸引各类人才来嘉兴市工作,嘉兴市开始完善市区户籍管理制度,对各类人才来嘉兴市工作的户口迁移和投资兴业办理"农转非"户口实行全面开放政策。人口统计资料显示,仅 1995 年,全市就有 6884 人办理了投资兴业户口。

(3)实行小城镇深化户籍制度改革。

根据浙江省、嘉兴市有关文件精神,从 1997 年开始,嘉兴市进行了小城镇深化户籍制度改革试点,允许在城镇建成区内有合法固定住所和稳定职业或生活来源的农民进城落户。至 2000 年,全市先后有 14 个城镇开展了试点工作,有 3 万多名农民的农业户口变成了城镇非农业户口。

(4)实行婴儿落户随父随母自愿政策。

1998 年以来,我国实行的是婴儿随母申报户口的政策。根据国务院有关文件精神,1998 年,嘉兴市在全省率先实行了婴儿落户随父随母申报自愿政策,规定新生婴儿包括非婚生婴儿,既可在父亲也可在母亲常住户口所在地申报常住户口。

2.农村设施建设阶段

(1)实行购房落户政策。

1999 年,嘉兴市政府下发了《关于进一步完善市区户籍管理制度的通知》,一方面对 1995 年出台的一系列政策做了进一步放宽,另一方面增加了购房落户的政策。2000 年,嘉兴市政府《关于进一步改革和完善户籍管理制度的意见》又对购房落户政策做了进一步完善和放开,规定在城镇购房,只要是上市交易的成套住宅商品房(含二手房),购房者本人及其共同居住的配偶、未婚子女、父母入住后均可凭房屋产权证或其他房产证明办理落户手续。据不完全统计,从 1999 年下半年至 2008 年,仅嘉兴市本级购房落户办理"农转非"户口就有 25800 余人。

（2）彻底放开"三投靠"户口政策。

2000 年,嘉兴市政府出台的《关于进一步改革和完善户籍管理制度的意见》,对"三投靠"户口彻底放开,规定"三投靠"户口可不受投靠年限、迁移人年龄、婚龄等条件的限制,也就是说一个家庭只要有一人户口在城镇,那么其配偶、未婚子女、父母都可以随时迁往城镇转为非农户口。放开"三投靠"政策后,从 2000 年至 2008 年,全市有 21066 余人办理"农转非"手续。

（3）全面深化和系统完善户籍改革政策。

为进一步适应社会主义市场经济发展的要求,促进人口集聚和生产要素的合理流动,加快城市化和城乡一体化进程,2002 年 5 月,嘉兴市政府又下发了《关于深化户籍管理制度改革的实施意见》,从七个方面对已出台的户籍改革政策进行了全面深化和系统完善,并提出了逐步取消二元制户籍结构的原则意见。2002 年 11 月,嘉兴市委、市政府在《关于加快推进农业农村现代化建设的若干意见》中又明确提出,允许新出生的"双农"(父母均为农业户口)子女在申报户口时登记为城镇户口,并允许未成年"双农"子女转为城镇户口。

3.城乡统筹和城乡融合阶段

随着嘉兴市实行按居住地登记管理的户籍制度,统筹与户籍挂钩的城乡公共政策,消除(或逐步消除)附着在户籍制度上政策差异条件的基本具备和时机的成熟,2008 年,嘉兴市委、市政府下发了《关于改革户籍管理制度进一步推进城乡一体化的若干意见(试行)》(嘉委〔2008〕21 号),确定全市实施城乡一体化户籍管理制度改革工作,为促进嘉兴市统筹城乡经济发展、打造城乡一体化先行地创造良好条件。

（1）统一思想认识,明晰改革思路。

为贯彻落实十七大会议精神和省委"两创"战略,把嘉兴市打造成城乡一体化先行地,嘉兴市委、市政府就统筹城乡经济社会发展,推进城乡一体化战略进行了积极探索和实践,在《嘉兴市打造城乡一体化先行地行动纲领(2008—2012年)》中明确提出了开展城乡户籍制度改革,取消"农业户口"和"非农业户口"性质划分,建立全市城乡统一的户口管理制度的要求。2008年,嘉兴市被浙江省委、省政府批准为全省统筹城乡综合配套改革试点地市,市委、市政府确立了以"十改联动"为核心的综合配套改革措施,户籍管理制度改革是其中重要的一项内容。通过户籍管理制度改革,协同土地、社保等方面改革,打破现行二元结构户口基础,使各种原来依附在户口性质上的其他社会管理制度失去依托,从而稳步推进统筹城乡综合配套改革,完善社会管理和公共服务,加快形成以城带乡、城乡互动的发展新机制和发展新格局。同时,统筹考虑到经济社会发展的可承受程度和城乡差别的客观存在,市委、市政府清醒地认识到,实施城乡一体化户籍管理制度改革,并不意味着一体化就是一样化,也不是全面非农化,户籍管理制度改革不可能一蹴而就。户籍制度改革后,只是逐步将依附在户籍制度上的社会功能剥离,促进相关政策的调整完善,达到社会和谐稳步发展的目的。

(2)坚持党政主抓,强化工作领导。

2007年底,根据嘉兴市委、市政府领导指示,嘉兴市公安局进一步对嘉兴市户籍管理制度进行修改完善,并征求了市政府有关部门和县(市、区)政府的意见。2008年初,市委、市政府又专门成立了由市咨询委、市委政研室、市公安局等部门组成的调研组,结合嘉兴市实际,形成城乡户籍管理制度改革相关的调研报告。在调研报告基础上,着手起草了《关于改革户籍管理制度进一步推进城乡一体化的若干意见》(送审稿)。2008年5月4日,市委、市政府正式发文《关于改革户籍管理制度进一步推进城乡一体化的若干意见(试行)》(嘉委〔2008〕21号),决定于2008年10月1日全市全面实施户籍管理制度改革,并成立了由裘东耀常务副市长任组长的市户籍管理制度改革工作领导小组,下设办公室在市政府发展研究中心。

(3)强调部门参与,谋划政策配套。

在这一时期,嘉兴市户籍管理制度改革相关政策衔接提出了"加强政策配套衔接,加快形成以城带乡、城乡互动的发展新机制和发展新格局"的指导思想。根据嘉兴市经济社会发展和城乡一体化推进情况,合理设定政策衔接的目标定位,加快消除城乡公共政策差异,促使城乡公共政策逐步与户籍脱钩。将目前实行的城乡不同政策的划分依据由原来的农业、非农业户口性质划分,逐步统一到以居民有无承包地来划分。同时,在不违背法律法规的前提下,消除不合理的政策差异,保留合理的城乡差异,以保证城乡居民相关权利的公平性。对现有与户籍挂钩的城乡公共政策进行认真梳理,找出存在差距的情况,分析差距存在的合理性或非合理性,制定消除差距的具体举措。同时,抓住当前的重点领域,积极探索以宅基地换住房、以承包地换保障"两分两换"政策措施,鼓励农民变市民,加快推进嘉兴市的城市化进程。对国家法律法规明确规定的政策,一时难以突破的方面,继续严格执行。

(4) 加强工作宣传,注重政策引导。

户籍管理制度改革工作作为综合配套改革中"十改联动"措施之一,涉及千家万户,关系到广大人民群众的切身利益及社会和谐稳定的大局,是一项政策性、敏感性都很强的工作,也是社会各界关注的热点。为确保把这项民生工程办实、办好,让广大人民群众深入了解改革相关内容和政策,充分调动他们的参与积极性,争取他们的理解和支持,嘉兴市充分发挥舆论导向作用,加强与宣传部门联系,利用全市户籍管理制度改革工作会议等时机,大力宣传改革工作。嘉兴市户籍管理制度改革工作得到新闻媒体高度关注,先后有中央、省市多家媒体到嘉兴市采访报道,韩国广播公司(KBS)记者也到嘉兴市采访。嘉兴市公安局还特地召开了户籍管理制度改革工作新闻发布会,通报了全市公安机关户籍管理制度改革工作情况,并就有关问题答记者问。嘉兴市充分利用电视、广播、报刊、互联网等多种新闻媒体,及时广泛宣传户籍管理制度改革的意义、目的、内容等,争取了广大居民群众的理解支持和相关部门的参与配合,为改革创造良好的社会环境和工作氛围。为确保改革工作顺利开展,及时解答有关群众政策咨询,将宣传工作长效开展下去,嘉兴市还在互联网和政府网站开设专门网站，开辟政策咨询专栏，落实专门部门及时答复。嘉兴市局和各县（市、区）公安局还专门开设咨询电话，落实专人解答群众来电咨询。各级公安机关还在警务公开栏、宣传橱窗将改革政策内容上墙，并印制了有关办证须知、户口迁移须知等宣传资料并放于办证窗口，便于群众及时了解掌握，确保改革工作顺利开展。

（5）关注改革进程，稳步推进深化。

2008年，嘉兴市为确保户籍制度改革工作顺利推进，对原有政策文件进行深入补充完善。进一步就农村土地承包关系、农村集体资产收益权确定和社员资格界定、农村宅基地使用、有关就业和社会保障政策和农村房屋拆迁安置与住房保障等政策做了明确规定。大部分衔接政策基本以户籍制度改革前后的户口性质来判别，但部分政策有所突破。嘉兴市各地公安机关也积极当好党委、政府参谋，及时制定了相关户口迁移操作细则，下放一定户口审批权限到派出所。嘉兴市除经济开发区、嘉善县外，其余县（市、区）根据城乡统一的户口迁移制度要求，实行以具有合法固定住所、稳定职业或生活来源为基本条件的户口迁移准入制，允许实际居住在农村的城镇居民户口返迁农村。市公安局根据嘉兴市户籍管理制度改革工作的要求，结合嘉兴市改革进展实际情况，于2008年8月1日适时推出了市区办理户口"网上迁移"便民措施，进一步简化户口办理程序，方便群众户口办理。

3.3.3 新时期城乡统筹户籍管理制度改革研究

进入新时期，为推动劳动力要素合理畅通有序流动，加快推进以人为核心的新型城镇化，2024年，嘉兴市发布《嘉兴市人民政府办公室关于高质量推进户籍制度改革的通知》（嘉政办发〔2024〕16号），围绕深化户籍制度改革、推动人口要素合理流动、促进城乡统筹发展提出一系列创新举措。此次改革将通过多层次政策框架破除城乡公共服务分割，为城乡要素自由流动、人口结构优化和区域协同发展提供制度保障，标志着嘉兴市城乡统筹户籍管理向"全域开放、深度互融"迈进。

1. 新时期城乡统筹户籍管理存在的问题

（1）制度性障碍制约双向流动。

城乡户籍壁垒未完全破除，依附于户籍的公共服务差异仍然存在。城乡之间基于户籍的公共服务差异依然存在，农业转移人口在城市落户后，难以平等享受市民身份所享有的教育、医疗、住房等基本权益。同时，土地权益与户籍密切相关，农村居民尤其担心在城镇落户后会失去其在农村的土地承包权和宅基地资格。这种"离乡不离土"的现象普遍存在，进一步加剧了农民对落户城镇的抵触情绪，阻碍了城镇化进程。

（2）人才与人口结构失衡。

农村人口呈现空心化，青壮年劳动力、高学历人才持续外流。农村人口老龄化、低学历化问题愈发严峻，制约乡村振兴内生动力。而新型农业经营主体——"新农人"引进不足，现有政策对返乡创业青年及农业科技人才的激励措施较为薄弱，农村地区难以吸引并留住具有较高素质的专业人才，进一步加剧了城乡之间在人才资源上的差距，限制了农村经济的可持续发展。

（3）公共服务均等化滞后。

城乡社保衔接不畅，灵活就业人员、进城务工人员的社保转移接续存在障碍，部分农业转移人口未被纳入常住地社会救助体系。此外，居住证制度功能未得到充分发挥，长三角区域居住证互认、公共服务共享机制尚未健全，流动人口权益保障存在诸多不足。

（4）治理体系适配性不足。

当前城乡一体化治理体系的适配性较差，尤其是在基层治理方面，相关治理能力仍显薄弱。城乡融合新社区的组织架构不够完善，职能边界尚不清晰，缺乏高效协同的机制。与此同时，法治化和数字化治理手段的应用也未能得到充分发展，导致基层治理效率低下，难以有效应对快速变化的城乡发展需求。

2. 新时期城乡统筹户籍管理对策建议

（1）深化户籍制度改革，破除城乡流动壁垒。

推行"户籍随人走"政策，以经常居住地登记户口，试行长三角区域内居住证互认机制,进一步简化落户流程,实现"进城落户零门槛"。逐步推进户籍制度与公共权益的脱钩,确保农业转移人口在落户城镇后仍可保留其农村土地承包权、宅基地资格权和集体经济收益分配权。同时,探索建立农村土地权益的有偿退出机制和市场化流转模式,保障进城农民的财产权益,降低其进城落户的顾虑。

(2)强化权益保障与公共服务均等化。

建立健全城乡公共服务一体化体系,确保农业转移人口享受与城镇居民同等的基本公共服务。此外,优化城乡社保衔接机制,建立全国统一的社保转移接续平台,完善灵活就业人员、进城务工人员的工伤保险和失业保险制度,增强农业转移人口的社会保障水平。

(3)实施人才"引育留"工程,优化人口结构。

推进"新农人"激励计划,鼓励青年返乡创业,针对返乡创业青年、高校毕业生提供每月不低于1000元的生活补贴,并配套免费创业场地、贴息贷款等支持措施。同时,推行"一村一创客"培育模式,推广秀洲区"专家＋创客团队＋农户"模式,打造农创客孵化基地,引导科技、资本、人才向乡村流动,助力农业现代化发展。通过强化农村人才政策供给,吸引高素质人才扎根乡村,优化农村人口结构,增强乡村经济活力。

(4)创新城乡治理模式,提升服务效能。

构建数字化治理体系,深化"一中心四平台一张网"基层治理机制,推动城乡治理向智能化、精准化发展。推广"民声一键办""善治积分"等创新场景,提高基层治理的响应速度和服务质量。强化法治保障,推进"法律明白人"培养工程,健全矛盾纠纷多元调解机制,提升基层社会治理能力,建设更具安全性和稳定性的平安乡村与和谐社区。

(5)配套政策协同发力。

建立多部门协同推进机制,由公安、教育、人社、医保等部门共同制定户籍制度改革与公共服务配套政策,确保改革的系统性和可操作性。采取"试点先行、逐步推广"的策略,在秀洲区、南湖区等地开展户籍制度改革与土地权益分离试点,探索可复制、可推广的"嘉兴经验",为全国城乡统筹户籍管理改革提供示范。

4 嘉兴市城乡融合发展的创新实践与前沿探索

4.1 嘉兴市新时期城乡融合发展的实践和探索

党的二十届三中全会提出,城乡融合发展是中国式现代化的必然要求,必须全面提高城乡规划、建设、治理融合水平。2024年中央经济工作会议和中央农村工作会议提出,要把推进新型城镇化与乡村全面振兴有机结合起来,统筹城乡规划布局,促进城乡融合发展。浙江省全省经济工作会议和省两会提出要紧扣高质量发展,建设共同富裕示范区的使命担当,2025年浙江省委一号文件和全省新春第一会明确提出"以'千万工程'牵引城乡融合发展缩小'三大差距'推进共同富裕先行示范""建强'县城—中心镇—重点村'发展轴""推进城乡规划和基础设施一体化"。聚焦以"千万工程"牵引城乡融合发展缩小"三大差距"来谋划今年的重点工作。缩小"三大差距"是推动共同富裕的主攻方向。作为县域城乡融合发展的主要通道、缩小"三大差距"的重要载体,"县城—中心镇—重点村"发展轴是新阶段、新形势下推进城乡融合向更高水平发展的重要抓手和关键举措,正成为浙江省推进城乡融合发展、缩小"三大差距"的发力点。嘉兴市在城乡融合发展方面也在积极探索。

4.1.1 关于发展轴的理解认识

发展轴是梯次布局、链式配套的产业轴,发展联动、利益联结的共富轴,区域协同、辐射周边的带动轴。发展轴是缩小"三大差距"的重要发力点,是空间布局、功能联系、要素流动一体化的重要载体。

1. 发展轴的基础是空间布局的一体化

发展轴依托自然地形、交通通道、人口分布和经济发展,形成功能集聚、城乡融合的发展走廊,是优化资源要素配置、实现高水平均衡与高质量发展的重要区域。作为县域内部的重点发展区域,应覆盖一定比例的县域范围,其形态不只是一条线性的、带状的空间轴,也可以是以主导产业为纽带的产业集群、以文旅资源为牵引的文化传承圈、以重大项目为带动的区域发展带,重点依托交通干线(如国道、省道)或生态景观廊道(如大运河),聚集人口、产业等各类要素,起到辐射带动作用。本质上是"县域内城乡融合发展先行片区",县域内基础好的中心镇、重点村率先实现城乡融合。

2. 发展轴的关键是功能联系的一体化

发展轴按照"强化县城关键支撑、做强中心镇桥梁纽带、打造重点村重要节点"的要求构建协作分工体系。发展轴的关键是以县域为单元,县城为重点,强化县域经济的特色化、整体化、品质化,在此基础上优化城镇村的规模、功能和发展重点,强化城镇村三级联动,以多层次的辐射带动为核心,逐步构建强镇带弱镇、强村带弱村、县域协同发展的良好格局,实现共同富裕。

3. 发展轴的目的是实现要素流动的一体化

发展轴建设不是重新搞一套目标任务和标准体系,应紧扣浙江省委一号文件和缩小"三大差距"2025 年工作目标、任务书,把发展轴变为省委"8 项重点工作"和"3 项重大改革"重大部署的承接平台。通过发展轴的建设,实现人才、土地和资金等要素的自由流动,推动从物理连接向化学融合的跨越。

4.1.2 发展轴空间规划定位和工作任务

1. 规划定位

发展轴空间规划是以县域为单元,在国土空间总体规划体系框架内,贯彻落实浙江省委、省政府关于以"千万工程"牵引城乡融合发展缩小"三大差距"推进共同富裕先行示范重要部署的实施性空间专项规划。发展轴空间规划锚定满足人民美好生活需要的根本目的,坚持问题导向、需求导向和结果导向,以"千万工程"为牵引,聚焦农村、农民等重点和难点,是统筹做好"强城""兴村""融合"三篇文章的重要黏合剂,也是缩小"三大差距"和实现共同富裕的体检表、任务书、施工图。

2. 规划重点

一是梳理现状问题的体检表。突出问题导向,梳理城镇村在融合发展方面的关键问题和瓶颈,如交通拥堵点、公共服务短板、安全韧性不足、要素支撑不够等,形成现状问题的体检表,为开展发展轴规划建设提供精准方向。二是明确项目实施的任务书。结合本地自然资源禀赋和经济社会发展阶段,针对体检表的重点问题,围绕"强城""兴村""融合",因地制宜提出产业提质、设施提标、服务提级、特色凸显等方面的建设任务。三是明确规划设计的施工图。按照"谋划五年,重在三年,做好每一年"的工作要求,近远期相结合,明确产业、设施、生态修复、多田套合等重大项目清单,强化设计引领品质,谋划好重要节点、重点项目等的建设内容和建设时序。四是交出示范创新的成绩单。梳理特色化指标、标志性项目、品质化成果,集中资源打造引爆点,以点带面,强化连片品牌效应,形成可看、可感、可复制、可推广的"模式经验"。

3. 规划要求

一是坚持明确目标。从短期看,建强发展轴是近三年的主要行动方向。从长远看,应突出城乡一体化的组织网络与体系建设。通过空间规划聚焦重点、优化布局、谋划项目,集中资源形成合力,推进基础设施、公共服务一体化和推动一、二、三次产业融合发展。二是坚持"四向协同"。坚持乡村振兴战略导向、共同富裕目标指向、产业结构优化方向、资源要素配置流向"四向"协同。三是坚持系统谋划。将县域发展轴计划编制的多种规划进行梳理整合,避免多部门编制规划造成"规划打架"现象。鼓励各县(市、区)整合多方面内容,编制发展轴综合规划,一体考虑产业发展、项目谋划、空间落位。四是坚持"四个结合"。将发展轴规划与国土空间规划等现有规划相结合,开展全域规划;与农业特色产业、"农业+"产业等相结合,开展全产业规划;与公共服务项目规划相结合,开展全功能规划;以实现多田套合为基础,整合农业产业空间,做大做强设施农业,开展全空间规划。

4. 规划内容

根据"县城—中心镇—重点村"发展轴空间专项规划编制指南(试行)的要求,要坚持问题导向、需求导向、结果导向,以县域的国土空间总体规划为依据,衔接乡镇级国土空间总体规划和详细规划的编制实施。规划五项任务:一是开展现状评估;二是明确规划目标和核心指标;三是科学识别发展轴的范围;四是以发展轴为核心,围绕产业布局,推动基础设施和公共服务设施补短板,集聚一批看得见、摸得着、见实效的补短板项目、标志性工程;五是探索形成一套规划实施保障机制。要将规划编制全过程以及规划成果纳入国土空间规划"一张图",开展规划编制实施的全生命周期动态监测和监管。

具体分为以下六个部分。

一是围绕省委新要求,做好现状分析评估。聚焦轴带空间及城镇体系,做好总体规划专项评估,围绕城乡一体化发展及缩小"三大差距"的新要求,以空间结构、城镇村体系、城乡差异为评估重点,梳理县级国土空间总体规划中的总体格局、城镇村体系等内容,研究轴带空间与城镇村体系的空间关系。结合县(市、区)需求开展现状分析评估,为规划方案编制提供基础。系统梳理基层城乡一体化发展需求。通过走访、问卷调查、座谈会等形式,加强部门协同联动和公众参与,深入农村,全面收集基层城乡一体化发展过程中的需求,梳理群众急难愁盼问题清单,为规划措施制定提供锚点。定性、定量分析现状问题和挑战,分析现状差异,评估城乡融合程度。从基础情况、安全底线、集约高效、空间品质、协调融合、治理管理六大类指标,结合按地方实际提出的特色指标,对现状城乡融合情况进行评估,重点分析城乡差异,对标城乡一体化的要求总结面临的问题和挑战。

二是锚定"三篇文章",确立一体化发展目标指标。制定总体目标指标,细化落实县级国土空间总体规划要求,围绕"强城""兴村""融合"三篇文章,结合本地自然资源禀赋和经济社会发展阶段,针对城乡一体化发展面临的主要问题以及发展趋势,制定总体目标和核心指标,形成规划指标表。明确县城、中心镇、重点村分项目标,按照"提升县城,做强中心镇,培育重点村"的要求,围绕产业集聚、新质生产力培育、特色空间拓展和挖掘、基础设施一体化、基本公共服务一体化等内容,制定县城、中心镇、重点村的分项发展目标。

三是科学识别发展轴,明确城镇村一体化网络。科学识别县域发展轴,在县级国土空间总体规划的基础上,科学识别县域"县城—中心镇—重点村"发展轴。县域发展轴作为县域内部的重点发展区域,应覆盖一定比例的县域范围,聚集人口、产业等各类要素,起到辐射带动作用。构建城镇村一体化网络,按照"提升县城辐射带动能力、做大做强中心镇、推进重点村培育建设"的要求,明确城镇村一体化网络,推动城镇村三级联动、功能协同、要素流通,完善网络一体的空间发展格局,明确发展轴各城镇村的规模、功能、发展重点,并对用地布局、产业、服务设施、景观风貌等内容作出指引。明确不同层级的规划指引重点,在"县城"层面,因地制宜加强县城建设,吸引人口集聚,推进重大项目落地,支持县城做强、做大特色主导产业,优化教育、医疗、养老等公共服务供给,提升县城辐射带动能力、增强综合承载能力。在"中心镇"层面,分类推进中心镇建设,发挥中心镇的纽带、承接及其对周边乡村的带动作用。根据其在发展轴上的功能定位,结合其自然禀赋和特色优势,按农业大镇、工业重镇、商贸强镇、文旅名镇进行分类施策,对各中心镇的规模、发展方向、基础设施配置、公共服务设施配置等作出指引。对于农业大镇,进一步明确其土地综合整治、多田套合、现代农业和大中型灌区及农田水利设施的相关指引;对于工业重镇,进一步细化说明所涉及的产业园(片)区的产业方向、开发强度;对于商贸强镇,进一步明确其交通物流枢纽、优势特色产品等的相关指引;对于文旅名镇,进一步明确其文旅特色、文旅产品、文旅路线、文旅节点等的相关指引。在"重点村"层面,结合重点村培育建设推动乡村全面振兴,发挥重点村对周边村的示范带动作用。

四是对齐标准、补齐短板,完善基础设施和公共服务设施布局。识别基础设施、公共服务设施一体化发展的短板与瓶颈。公共服务设施:对齐标准、优化布局、提升质量,推动公共服务设施补短板。基础设施:打通瓶颈、延伸网络,推动城乡基础设施一体化建设按照"一体推进城乡水网、充电网、通信网、物流网等体系布局"的要求,梳理城乡交通断点、基础设施短板。

五是锚定2027年阶段目标,谋划标志性项目规划以2035年为期限,结合国土空间总体规划重点建设项目、"十五五"项目等安排,在中心镇、重点村的优势短板分析、发展思路目标、重点任务确定的基础上谋划确定县域发展轴空间的重点实施项目,并对其的分期实施进行统筹安排。其中,以2025年至2027年为近期实施重点,围绕县域发展轴空间,按照"2025年取得明显实质性进展,2027年取得突破性成果"的阶段性目标要求,谋划一批能在2027年实施见效的标志性项目,明确其类别、名称、性质、级别、区域、实施时序等内容,并形成标志性项目一览表。以解决基层"急难愁盼"的问题为导向,充分依托"一张图"系统,谋划标志性项目,引导各部门项目向发展轴集聚。

六是数字赋能面向实施,创新要素保障机制。以"数字赋能、动态监测、精准评估、科学考核、创新保障"为主线,构建全链条实施管理框架。在数字赋能方面,坚持"多规合一",将县域发展轴空间专项规划编制、实施、考核等内容纳入"一张图"系统管理。在监测与评估方面,建立长期动态监测体系,明确监测指标与监测周期,定期跟踪规划实施进展,制定科学合理的监测评估标准,为后续优化调整提供依据。在考核机制方面,建立完善考核制度,明确考核主体、对象、周期及结果应用,将考核结果与部门绩效、干部奖惩挂钩,确保规划执行力度。在政策保障措施方面,探索支持"人地钱技"要素流动的城乡一体化政策机制,重点优化"地"的配置机制,明确相关政策,为城乡一体化和高质量发展提供空间支撑和要素统筹,保障规划落地实施。

4.1.3 嘉兴市发展轴规划编制特色

1. 注重系统性,构建市县统分的"5+1"规划体系

浙江省自然资源厅制定《"县城—中心镇—重点村"发展轴空间专项规划编制指南》,明确规划技术路径。结合嘉兴市工作特色,围绕打造"长三角城市群重要中心城市"的目标定位,以及市委市政府关于"着眼长三角、聚合大嘉兴、建强主城区""争创新时代高水平城乡融合发展典范"的决策部署,聚焦发展轴"稳定发展格局、优化实施布局、资源服务大局"的

重大作用,全市谋划形成发展轴空间规划编制的"5＋1"规划体系,即着力推动"城乡空间发展、城乡产业发展、城乡基础设施发展、城乡公服设施发展、城乡生态品质发展"五个方面的规划要求和支撑项目,切实做好发展轴空间资源配置和保障。

2．注重实用性,建立项目轴线互促推进机制

按照县城高标准、中心镇普惠型、重点村及组团特色化的要求,聚焦产业发展、基础设施、公共服务、生态品质等重点领域,县市联动、部门协同,共同谋划一批看得见、摸得着、见实效的带动性、示范性、标志性工程。汇聚项目并反馈到发展轴,支撑轴带牵引、网络协同的空间指引,真正做到能提升县城承载能力、强化中心镇辐射带动作用、培育重点村综合服务能力、推动乡村片区组团联动发展。

3．注重显示度,突出嘉兴城乡融合发展特色

不同于山区海岛及浙南地区的"点—轴"发展轴模式,考虑嘉兴市平原水网的地貌特点、沪杭之间的地理优势、经济均衡的发展基础和交通互联的网络形态等基础,嘉兴市发展轴是多层次、多维度组成的网络发展轴,推进城镇体系的网络化,强化节点城镇之间的内在联系和分工协作,构建层次清晰、布局合理的体系结构。推进城乡功能的网络化,依托城镇自身资源特色和产业基础,培育特色产业和功能,引导城镇差异化发展、区域化协作。推进基础设施网络化,以提高城市网络化、协调性、共享性为目的,统筹市域交通、信息、水利、能源等基础设施建设,全面提高优质均衡度。发展轴选取突出嘉兴市特色,在国土空间总体规划空间格局基础上,在市国土空间总体规划明确的"一大六中三十四特"市域城镇体系和重点村布局的基础上,要素集成,按照"市发展轴引领指导县发展轴,县发展轴汇聚形成市发展轴"的原则,探索符合平原地区的市域主轴、县域主轴的"生长型网络化发展轴"模式。在重要成果展示上突出嘉兴市乡村特色,梳理选取不同带动模式的村庄片区组团,研究组团的发展逻辑、推进思路、规划设计、实施步骤,作为重点村打造梯次推进、功能互补、辐射带动的新型共富单元。

4．注重示范性,突出试点先行、全面部署的工作方式

海宁市作为浙江省 15 个示范县(市)之一,明确了资规部门牵头,发

展改革委、农业、住建等相关部门以及各镇（街道）、平台组建专班共同编制的组织方式，围绕缩小"三大差距"重点领域和关键环节，先行先试，及时总结梳理好经验、好做法、新模式、新机制，为全省提供样板经验。在试点先行基础上，按照共同富裕示范区建设的目标要求，结合浙江省厅工作要求，全面部署开展各县（市、区）发展轴规划编制工作。

4.2 国家城乡融合发展试验区 的建设实践

2019 年 4 月，中共中央、国务院出台了《中共中央　国务院关于建立健全城乡融合发展体制机制和政策体系的意见》（以下简称《意见》），指出要重塑新型城乡关系，走城乡融合发展之路，促进乡村振兴和农业农村现代化，并提出要选择有一定基础的市、县两级设立国家城乡融合发展试验区，支持制度改革和政策安排先行先试。嘉兴市从实际出发，按照国家发展改革委《国家城乡融合发展试验区改革方案》要求，主动先行先试，创新工作方法，努力把嘉兴市打造成为国家城乡融合发展的试验区。

4.2.1 突出空间规划再优化，以"中心强、县城特、城镇精、乡村美"为目标，适当调整"1640""四百一千"空间布局，争做全国城乡空间融合发展的示范地

空间规划再优化三条主线如图 4-1 所示。

1. 突出集约高效，推动城乡生产空间整合再升级

一是各地要根据嘉兴市平台优化提升攻坚行动实施方案要求，按照时间节点，加快园区平台整合，推进乡村工业企业退散进集和淘汰转移，推动全市生产空间更加集约高效。二是要积极借助国家、浙江省发展战略的实施，探索设立新的特色产业大平台，拓展新的生产空间。如在浙江省大湾区建设中，积极争取打造"湾北新区"大平台，优化滨海区域生产空间；在实施长三角一体化战略中，作为长三角核心区的协作区块，全力打造"秀水新区"大平台，优化对接上海、融入长三角的格局。三是各地要积极创新镇（街道）级的考核办法，将镇（街道）级工业园区纳入大平台管理

推动城乡生产空间整合再升级	推动城乡生活空间优化再布局	推动城乡生态空间美化更清新
加快园区平台整合 • 依市方案按时推进 • 促进村工业退散进集、淘汰转移 设立特色产业大平台 • 借国家、省战略 • 加建"湾北新区""秀水新区" 创新镇街考核办法 • 纳入大平台改考核重点 • 引向"三农"、美丽乡村、社会管理	调整"1640"规划 做强主副中心城市 • 作人口承载主平台 • 强嘉兴"双中心",助副中心特色化 • 引农村人口集聚 减少镇镇总量 • 依各镇现实减数量 强化建制镇镇 • 为区域核心引农民集聚 • 完善功能,加大投入 • 建公寓安置房,改安置方式 调整"四百一千"规划 优化城乡一体新社区 • 压减数量、缩规模、提标准 控制"X"点与保留村庄 • 控"X"点数量、规模 • 压减保留村庄数 • 各镇建1~2个旅游功能美丽乡村点	打造文化休闲湿地生态区 • 整合市域北部 • 挖掘文化,连多镇建产业带 • 创嘉兴江南国家湿地公园 打造滨海区生态屏障 • 整治沿杭州湾区域 • 建百里旅游长廊、蓝色产业带 打造"两高"森林通道及运河文化旅游产业带 • 强通道沿线生态 • 提市域部绿化品质 • 造绿色生态产业带 推动农业基地、家庭农场景观化提升 • 结合美丽乡村 • 扩改果园便观光 打造高质量生态品牌 • 用湿地、水面 • 造"十湖、百河、千里绿道、万顷公园"

图 4-1　空间规划再优化三条主线

后,不再单独考核其制造业方面的招商工作,引导工作重心转移到强化"三农"工作、美丽乡村建设和加强社会管理上来。

2. 突出宜居适度,推动城乡生活空间优化再布局

一是建议适当调整"1640"的城乡生活空间规划。首先要做大、做强主副中心城市,把主副中心城市作为人口承载的主平台。举全市之力做大、做强嘉兴中心城市的"双中心"建设,支持6个副中心城市往特色化方向发展。探索建立农村人口跨村、跨镇及跨县域居住的引导政策,鼓励农村人口向主副中心城市集聚,打造特色县城。其次是立足各镇的现实基础,适度减少城镇、小城镇总量。最后是将建制镇的镇区作为区域社会生活的核心,积极引导农民向"1"点上集聚。完善城镇功能,打造精美城镇,加大对"1"点上的用地和资金投入力度,加强公寓安置房建设。鉴于城镇商品房价格上升、农民上楼意愿增强,要加快完善补偿政策,增强政策引导力度,鼓励农民进城上楼。建议转变农房搬迁安置方式,推广集中小区安置。对新搬入镇区安置的农民,不再安排宅基地,以公寓房方式安置。

二是建议对"四百一千"城乡新社区规划进行适度调整。第一,建议对原规划建设的 400 个左右城乡一体新社区,压减数量、缩小规模、提高标准、提升品质。第二,要严格控制"X"点的数量和建设规模。首先,尚未启动的 86 个"X"点,尽可能不再启动建设。建议将区域位置好、吸引力大、产业支撑强、集聚度高的新社区,提高配套标准,按照小城镇标准进

行建设和配套;对其余已经启动建设的新社区,适当缩减建设规模,并按江南民居风格进行建设。其次,建议对规划的1000个左右保留村庄,进行适当幅度的压减。从各级政府财力看,每个镇要集中做好1~2个具备旅游功能的美丽乡村点,作为全市美丽乡村建设的示范。对保留村庄的农房宅基地实行总量控制,农民分户不再安排宅基地。

3. 突出全域秀美,推动城乡生态空间美化更清新

一是整合提升市域北部区域,打造文化休闲湿地生态区。进一步挖掘和展示新塍、王江泾、油车港等区域文化内涵,连线建设乌镇、新塍、王江泾、西塘、陶庄等镇,打造涵盖桐乡市、秀洲区、嘉善县,连接太湖、淀山湖的生态湿地旅游文化产业带,努力打造嘉兴江南国家湿地公园。二是突出打造滨海区域"湾北新区"的生态屏障。加强沿杭州湾老沪杭公路沿线及以南区域的环境整治,建设市域南部百里旅游文化长廊及蓝色生态产业带。三是打造"两高"森林通道及运河文化旅游产业带。着力高速铁路、高速公路、运河等主要通道沿线生态建设,提升市域中部区域绿化品质,打造贯通市域、连接沪苏杭的绿色生态产业带。四是结合美丽乡村建设,推动农业基地、家庭农场景观化提升。对种植面积大、观赏价值高的农村果园,建议进一步扩面、连片,并实施公园化改造,便于开展农业旅游观光。五是打造高质量生态品牌。充分利用全市120万亩湿地、30万亩水面,打造"十湖、百河、千里绿道、万顷公园",创建嘉兴市环境优美、生态文明的品牌。

4.2.2 突出基础设施再提升,以创新共建共享机制为抓手,高效推进全域交通服务设施统筹布局,争做全国城乡基础设施集约发展的示范地

1. 突出市域一体,加快建设主副中心城市交通设施

一是公路交通方面。在中心城区高架快速路开建后,加快启动连接中心城市与各副中心城市的射线状道路建设,动员各县(市)力量,同步建设主副中心城市间的快速(或高架)道路,实现全市域快速通行,紧密主副中心城市的交通联系。二是轨道交通方面。在建设沪嘉城际、沪平城际、

杭海城际的基础上,建议在市域东西方向规划建设衔接嘉兴市区和海宁、桐乡城区的轨道交通,整体建成连接沪杭的嘉兴城际轨道交通;在市域南北方向,加强与苏州市、宁波市的沟通协调,加快谋划建设连接苏甬的城际轨道交通。三是同步建设高铁南站枢纽的快速疏散通道。发挥高铁南站对外交通枢纽作用,建议尽早建成对内的快速疏散通道,加快建设与市中心、各县(市)及嘉兴科技城、秀洲高新区等城市副中心、产业功能区、旅游休闲区块连接的快速交通设施。

2. 突出方便快捷,推动城乡交通设施迭代升级

结合实施乡村振兴战略,建议研究制定农村公路提档升级专项计划,推动镇、村交通基础设施迭代升级。一是提升通村达组道路等级,对规划保留的村庄进出道路及内部道路进行全面改造提升,最低要保障双车道通行要求。二是对通镇道路开展等级提升改造。将原来以二级公路为主的通镇道路提升一个等级,实现主、副中心城市到镇以一级公路为主,并对沿线的建筑风貌进行管控。三是提升农村公路管理和养护标准。推行多元、多主体合作机制,实现城乡公路建设、管护一套标准。

3. 突出交通管理优化,推动城乡交通的高效融合

目前,嘉兴市农村公交线路,基本以县(市)为主设计,主要解决县域内农村到所在镇和县城的交通问题,跨县(市)、跨镇域公交普遍存在短板。建议由市级交通部门牵头,开展全面的全域化公交线路规划编制,建立全市城乡公交组织方案,以适应城乡居民跨区域工作生活的需要;探索整合各县(市)公交资源,组建嘉兴大市级公交集团,负责全市城乡公共交通的运营,为城乡居民提供普惠公交服务。

4. 立足效率提升,推动公共设施跨区域共建共享

加强跨区域公共设施的布局建设,有效缩小城乡差异。一方面,以资产为纽带,探索成立覆盖全市域的交投集团、水务集团、环保集团,建立健全以大市为主体、各县(市)共同参与的轨道交通等重大线性工程,以及供水、污水治理、垃圾焚烧、固体废物处置项目的建设、运营和管理,实现重大公共设施的跨区域规划布局和共建共享;另一方面,举全市力量,打破县域限制,统筹布局和规划建设可比肩上海交通大学医学院附属瑞金医院、复旦大学附属华山医院、宁波市镇海中学的1家或者2家高质量医

院、学校,作为引领示范,进一步提升医疗、教育水平。

4.2.3　突出农业农村现代化,以激活农村"三块地"为突破口,促进农村资源要素的优化配置,争做全国乡村振兴的示范地

1. 突出生态功能,转变农业产业定位

一是要探索农业"标准地"改革。在推动土地流转的基础上,探索跨村、跨镇,甚至跨县(区)的农田碎片化整治,加快"万亩千吨"农田建设,打造农业"标准地",招引更高质量的项目来发展现代农业。二是要重视土壤"地力"的提升。随着嘉兴市农田有机肥使用的减少,不少农田"地力"减弱,建议采取有效措施,切实推增有机肥的使用,改善土壤"地力",保障农产品的质量。三是建议组织实施农业增加值倍增计划。通过引进工商资本,实现农业规模化经营、企业化管理,努力使嘉兴市农业增加值翻番。四是要把生态功能作为农业的重要功能。针对嘉兴市农村发展特点,要把农业的生态化功能作为追求目标。为此,建议设立财政性生态补偿资金,借鉴苏州昆山市、上海松江区的做法,实施财政转移支付,探索对种植水稻等纯农产业的村集体进行生态补偿,增强村集体经济实力,为推进土地流转等提供经济支撑;要逐步调整农业产业结构,突出农业生态功能,把田园风光与村落风貌、自然资源与文化创意有机结合,增加景观功能、体验功能、旅游功能,推动农业产业向生态功能型方向发展。

2. 创新方式方法,积极盘活农村资源

根据中共中央、国务院《意见》要求,嘉兴市要积极复制推广全国农改经验,盘活农村承包地和宅基地资源。为此建议,一是要推动土地经营权全域流转。建议全面推进农村地区的"两退两进",即农村家庭退出分散经营,进行规模经营;农村土地退出传统低效产业,进入高效生态农业,鼓励和支持镇村两级开展委托流转、生产性作业托管服务,完善发包机制。建议改变目前以村为主的农地流转方式,探索建立以镇为主的农地收储、发包机制,推动土地连片成块长期流转,以吸引工商资本开展规模经营,力争全市土地流转在95%以上,实现除个别经济作物外的土地全流转。

对极个别不愿流转、年龄较轻的农户,统筹调整其承包土地的位置,确保流转土地的连片成块,为农业开发区的设立打好基础。要强化各类"三农"政策、资金的整合集成,把过程优惠政策和财政补贴转变为对土地流转农民的社保补贴,降低土地流转成本。对退出经营的农户,成立农村劳务合作社,组织有意愿、有劳动能力、不愿离开农村生活的农民,进劳务合作社,有条件的可转变为职业农民,为农业企业提供劳务服务。二是要探索农村宅基地有偿取得、使用和退出机制。要制定出台农房平移、集中小区安置的鼓励和引导政策,推动保留点外农房加快腾退;要探索闲置农房盘活机制,与发展农村旅游、民舍客栈、健康养生等新兴业态有机结合,通过委托流转、集体经营、股份合作经营的方式,把农村闲置房产资源化、资本化,稳定农村居民房产收益预期,实现农民的持续增收。三是要畅通城乡人才资源流动。要创新政策措施,畅通城市人才、劳动力下乡创业和工作渠道。一方面,要挖掘乡村多元要素价值,推进"科技、工商资本进乡村,青年、新乡贤回乡村"的"两进两回"行动,推动各类要素"下乡"。特别要通过土地规模流转吸引工商资本、技术投资农业,以具有吸引力的薪酬带动城镇人才、劳动力从事农业生产经营,真正培育"居住生活在城镇、工作在农村"的职业农民。另一方面,建议借鉴上海松江区的经验,将超过法定劳动年龄的农民从土地劳作中退出来,引导其进城生活,提升生活品质。要积极探索农民职业化,真正让农业成为有前景的产业,让农民成为有吸引力的职业,对评选出的职业农民,享受城镇职工社保和有关人才待遇。

3. 开展农村有机更新,推动城乡产业的协调发展

要制定三年行动方案,积极开展农村的有机更新,有序修复生态环境,优化乡村空间秩序,挖掘乡村历史文化,科学植入现代要素与功能,强化乡村"三生融合",加快宜居、宜业、宜游的现代化特色新农村建设。一是要加快实施全域土地整治。要统筹规划、确定时段、分期分批对全市田、水、路、林、村等进行全要素综合整治,对农田进行连片提质建设,对存量建设用地进行集中盘活,加快形成"农田集中连片、农业规模经营、村庄集聚美丽、环境宜居宜业、产业融合发展"新格局。二是要全面开展农业经济开发区创建。在每个县(市、区),到2020年,在至少建成一个面积不少于2万亩的市级农业经济开发区的基础上,要参照"八个一"的创建要

求，向全市所有区位条件好、发展基础扎实的镇推广，全面提升农业规模化、产业化能力；要积极引导田园综合体创建，通过激励政策引导工商企业、农村集体经济和金融机构广泛参与，以自然村落、特色片区为开发单元，以整体规划、开发、运营的方式，力争用三年左右时间覆盖全市所有的镇，实现每个镇建设一个田园综合体的目标。三是更新农业生产的基础设施。要推进现代农业的基础性设施建设，进一步强化对农村水利设施、农田灌溉设施、设备的更新投入，特别是要重视农业现代机械化设备的配置，持续有效推动农业的现代化生产。

4.2.4 突出全域秀美打造，以彰显水韵江南特质为导向，对标欧美发达国家和国内一流水平，争做全国平原水乡美丽乡村建设的示范地

1. 以国际化品质为趋向，高起点开展乡村规划设计，努力做到全域美丽"一张图"

美丽乡村建设，规划布点是核心，建筑设计是关键。嘉兴市借鉴欧美发达国家乡村建设经验，参考国际上高水平乡村规划设计的方式，引进国内一流、国际著名的设计公司，开展全市美丽乡村的规划设计，不仅对村庄布局进行刚性设定，还对建筑风貌、景观节点进行谋篇设计，并将规划严格落实到项目上和工作中。一是加强全域化顶层设计。突出水乡特色、平原特点，对全市域的农田、园林、道路、绿化、河道、湖泊、建筑等的布局、形态、色彩等进行顶层规划设计，以实现市域整体协调、全域秀美。二是统筹景区村庄与精品线建设。对规划建设的 75 个 AAA 级景区村庄，建议对新开工建设的，要符合"村庄布点有特色、历史人文有底蕴、村级经济有实力且不能建在撤并点"等要求。对大多数村庄，除了道路建设和建筑风貌管控，主要做好保洁整齐、不乱搭建，除初期必要的政府少量投入外，日常养护以村民自身为主。对已经规划建设的 37 条美丽乡村精品线，建议要与景区村庄、美丽田园、美丽河湖、四好公路等"规划合一"。三是强化农房设计与风貌管控。对保留村庄的风貌管控，引进专业设计团队，切实开展村庄设计，明确建筑风貌元素，让群众参与选定设计方案，实行农房通用图集全覆盖。建议学习苏州昆山市的经验，严格规范村民建

房,组建专业化农房建筑施工团队,从而保证施工安全和建筑质量。以驻镇、驻村规划师的精细化服务,强化乡村特色风貌营造和乡村建筑色彩控制,逐步还原江南水乡民居特色,打造平原地区美丽乡村风貌的典范。

2. 深入挖掘江南水乡特质,以乡村"六美"建设为抓手,实现全域美丽"一盘棋"

对标国内一流水平,大力实施乡村"六美"建设,夯实乡村全域美丽基础,让美丽乡村成为城乡居民"养眼""养肺""养颜""养身""养心""养神"的向往地。一是抓美丽城镇建设。重视全域风貌的协调与提升、文化的挖掘保护和传承发展,重视公共服务的提档和升级,打造各具特色"美丽如画"的城镇,让美丽城镇成为创业地、居住地、休闲旅游地。二是抓美丽村庄建设。围绕"面上整洁、线上美丽、点上出彩"要求,继续抓好景区村庄建设和平原水乡绿化,根除村庄脏乱差的死角。在美丽乡村精品线建设上,要坚持精品设计、精致施工,把精品线建成美丽农业、美丽设施、美丽道路、美丽农房集成展示的风景点,形成"村在林中、房在绿中、人在景中"的乡村生态美景。三是抓美丽田园建设。通过政策引导,全面推进全域土地整治,打造全域美丽田园风光,让"田园变公园、农区变景区"。四是抓美丽道路建设。增强城乡道路绿化层次感,把道路建设成为美丽风景线。五是抓美丽河湖建设。围绕美丽河湖建设要求,加强生态保护修复、彰显河(湖)人文历史、提升河(湖)岸景观品位。秀洲区北部面积超千亩的湖有 11 个,最大的莲泗荡面积达到四千余亩,值得大力开发。探索将美丽田园、美丽湖河建设与引进企业总部经济结合起来,对总部经济项目配套若干美丽田园、美丽河湖,努力发掘、发挥美丽乡村建设的最大价值。六是抓美丽庭院建设。坚持"物品堆放整齐美、卫生清洁环境美、花木茂盛绿化美、身心健康生活美"的四美要求,重点打造"绿化角""庭院花圃""小菜园""小果园"等庭院微景观,彰显美丽村庄、美丽家园的个性品位。对村庄内的零星土地,建议不再用集体资金种植花草和各类名贵树种,鼓励农民栽果树、种蔬菜。

3. 以可持续发展为导向,健全美丽乡村建设支撑体系,盘活美丽经济"一本账"

完善党政主导、农民主体、部门协作、社会参与的投资运行管理支撑体系,统一思想、强化保障,凝聚美丽乡村建设持续推进合力。一是完善财政支持政策。发挥财政政策的导向作用,探索建立全市美丽乡村建设投入、产出机制。制定工商企业、投资公司等参与嘉兴市美丽乡村建设的支持政策,探索对投资农业农村设施的资产化试点,解决投资农业农村设施难以融资的困境,引导和鼓励社会资本投入美丽乡村建设。鼓励村集体经济、工商资本、农民共同筹集美丽乡村发展基金,共同参与美丽乡村建设和美丽经济开发。二是创新存量财政投入配置方式。统筹整合分散在农业、交通、水利、建设、国土、旅游等各部门、各条线的美丽乡村建设扶持资金,每年排出重点建设计划项目,协调各部门、条线政策和财力,集中支持年度美丽乡村项目建设。三是创新农村资源配置方式。探索制定土地、房屋使用权流转方面的政策,充分盘活农村土地、房产两大资源,增加要素的投入渠道。要严格落实农村建设用地"两个5%"的保障政策,优先保障美丽乡村、农业产业发展用地需求。四是努力实现AAA级景区村庄运行管理资金的基本平衡。AAA级景区村庄"一次性投入"建成后,要努力探索运营管理方式,特别是要在产出上想办法,建议加强与携程、途牛等旅行商合作,引进专业团队运营管理,努力实现收入与运管资金的基本平衡。加强乡村旅游与古镇旅游、红色旅游的协同开发,引导景区村庄与重点旅游景区的联合,着力打造乡村旅游新亮点。

4.2.5 突出体制机制创新,以统筹公共服务政策为依托,大力推行城乡公共服务一体化,争做全国城乡公共服务均等化的示范地

1. 以公共服务设施布局引导农村人口集聚

目前,全社会普遍青睐优质公共服务。为此,要转变公共服务设施配置思路,发挥高品质公共服务引导人口凝聚的功能。嘉兴市建议突破分级配置,克服小而全、低层次、广覆盖的公共服务设施配套方式,通过优质学前教育、义务教育以及公共医疗卫生设施等的规划布局,引导农村人口向高质量公共服务区域集中居住、集聚发展。要创新机制,探索打破行政区划和户籍归属,通过后台结算的财政保障体制,推动跨镇、跨县义务教

育、公共医疗共建共享,提升公共服务效率。

2. 以公共政策统一促进市域公共服务均等化

目前,制约嘉兴市域公共服务均等化的障碍,在于各县(市)公共服务政策的不统一。为此建议,要分步推进市域公共政策的统一。一是市级新出台的公共政策要全市统一执行。尽管存在各县(市)财政保障体制不同的情况,但并不影响政策的集中统一。今后市级政府在充分征求各地意见基础上出台的政策,各县(市、区)要统一遵照执行,避免出现市级政策只能到区,而县(市)只是参照执行的情况。涉及财政保障的问题,按现行财政体制解决。二是尽快制定具备统一条件的公共政策。嘉兴市发展相对均衡,各地发展水平和财政实力差异不大,建议市政府要尽快制定具备统一条件的公共服务政策,包括就业、社保、医疗、教育等政策。三是逐步缩小差距并统一其他公共政策。对暂不具备统一条件的政策标准,要研究解决办法,在保证差距不再扩大的前提下,明确政策标准统一的时间表、路线图和责任人,在"十三五"末基本实现公共政策大市统一。四是制定全市统一的公共服务均等化政策文件。建议参照苏州市做法,专门出台促进城乡公共服务均等化政策和三年行动计划,并每年对实施效果进行评价考核。

3. 以数据信息在全市统一推动政务服务市域通办

在长三角一体化发展推动下,已逐步实现行政审批长三角一网通办,嘉兴市应紧紧抓住"最多跑一次"改革机遇,统一全市政务数据、行业数据、社会数据的格式、口径、目录、接口等,推动基础数据按标准统一进库,建设数据大市集中系统。依托统一的政务信息数据库,推动跨县域开展就业失业、社保医保、民政救助、残疾人服务、公积金等政府公共服务,实现企业和群众到政府办事"全市通办",最终使居民持"一证"畅享全市政务服务。

4.2.6　突出城乡高效协同,以深化"三治融合"体系为重点,着力推进城乡综合治理,争做全国城乡现代社会治理的示范地

1. 构建城乡一张网的全覆盖治理体系

一是深化"网格化管理,组团式服务"工作。进一步优化网格划分,配

强专职网格员,重点网格配备一名专职网格员;推进村级一般网格"一村（社区）一专职网格员"配备,夯实基层社会治理基础,化解基层矛盾,全力服务群众。二是进一步推进党建引领网格工作。建立"一格一支部（或党小组）",推动"党员联户"全覆盖,发挥党员模范带头作用,打造党群干群关系最密切的城市。三是推动城乡视频监控全覆盖。与城市相比,农村地区视频监控数量、密度差异较大,还存在诸多盲区,要把农村"雪亮工程"与乡村振兴、镇村环境整治同步推进、同步实施。

2. 健全城乡一盘棋的社会化治理体系

一是发挥好"三治"的金名片作用。在全市开展"三治融合"示范村创建,打造全国"三治融合"实践基地,以"三治"促"善治"。二是拓展"三治"相关服务。借鉴浙江桐乡农村商业银行股份有限公司开发"三治信农贷"经验,将"三治"与农户、农民信用建设及信用贷款等结合起来的创新做法,进一步拓展"三治"在农村基层治理中的基础性作用,健全农村社会治理体系,特别要重视发挥村民在美丽乡村建设中的主体和自治作用。三是更好发挥乡贤的示范作用。以村为单位,普遍成立乡贤理事会。充分运用好乡贤资源,把乡贤请回来,参与项目建设、投资开发,助推农村美丽乡村建设。四是成立村级物业管理公司。借鉴城市社区物业管理的成熟做法,吸引城市优秀物业管理企业下乡,像管理城市社区一样管理农村社区,提升农村社区的社会化管理水平,转变农村居民生活习惯。

3. 提升"城乡一朵云"的数字化智能治理水平

以农村宽带通信网、移动互联网、数字电视网和新一代互联网发展为重点,加快农村网络基础设施升级,高效运行和应用镇村两级网络平台;以信息终端、技术产品、移动互联网应用为重点,完善信息服务供给,着力建设智慧乡村、未来社区;以农村经济数字化转型为重点,提升农业机械化、智能化水平,推动农村"机器换人",争创全国数字乡村建设示范区,加快推进嘉兴市城乡的高质量融合发展。

推进城乡融合发展是一个系统工程,也是经济社会发展的重点工作。今后一段时期,嘉兴市要以强化规划引领为龙头,产业发展为重点,美丽乡村建设为抓手,坚持一张蓝图绘到底,进一步完善组织领导,充实乡村振兴工作专班人员,强化工作职责、明确时间表、确定分阶段任务,形成全市上下联动、分级实施、协同推进的工作格局。各地要强化涉及城乡融合有关资源要素的保障,特别是要进一步完善财政支持政策,保障多元化资金投入。要严格督查考核,考核结果纳入党政目标责任制考核,要建立推进工作情况反馈机制,及时协调解决在推进过中碰到的重大问题。要进一步加强与国家、省有关部门的联系,积极争取国家和省里的大力支持,努力做好争创国家城乡融合发展试验区建设。

4.3　新型城镇化与乡村振兴的双向互动

4.3.1　双向互动规划的主要内容

1. 统筹城乡发展的基本思路

嘉兴市域统筹城乡发展的基本思路是在实践中不断探索而形成的,也是从以城市为主导向城乡一体的转变过程,以城乡一体化发展为目标的"十改联动"政策正在积极酝酿之中。

从政策层面上来看,嘉兴市从促进城乡产业发展、完善城乡保障、推进城乡就业、改革城乡金融财政体制、保护城乡生态环境、构建城乡一体的基础设施和公共设施体系等方面做了有益的尝试和探索,政策推动有力地促进了城乡关系和谐发展,进而促进了新型城市化;从产业发展方面来看,近年来嘉兴市通过"两分两换"和"两新"工程的推进,进一步推进了农业规模化经营,逐步建立了"乡村为城市提供基本农产品和劳动力,城市为乡村提供服务和市场平台"的城乡互补产业体系;从空间规划体系来看,在构建"1640"城镇体系的指导下,嘉兴市已经形成了"城市—新市镇—新社区"的规划结构体系,新市镇是城市的功能组团,而新社区又是新市镇的基本组团,厘清了城乡空间关系,城乡规划的"边界"不复存在,城乡规划实现了全覆盖,2024 年又进一步提出"1 个区域中心城市＋6 个区域节点城市＋34 个特色城镇"三级市域城镇体系,深度优化城镇空间结构和要素配置;从城乡社会保障和就业体系来看,嘉兴市经过近年来实施的城乡养老全覆盖政策和就业政策的调整,城乡社会保障虽有差别,但城乡统一的社会保障体系雏形基本形成;从实施主体来看,以政府为主导、以农民为主体全民参与的模式基本形成。

嘉兴市统筹城乡发展的基本思路可以总结为:在科学发展观的统领下,以人的发展为出发点,以经济社会和谐发展为目的,以城乡产业转型和转变农村生产生活方式为核心,建立新型城乡关系,达到以城带乡、以乡促城、城乡互动、城乡一体化发展、共同富裕的目标。

2. 主要内容

新型城镇化与乡村振兴的双向互动规划是推动嘉兴市高质量城乡融合发展的核心路径。基于"要素对流—空间重构—制度创新"三维框架,结合嘉兴市城乡融合实践与政策目标,规划内容涵盖以下关键领域。

(1)要素对流:城乡资源要素的高效配置。

①土地要素市场化配置。城乡融合进程中,土地资源的合理配置至关重要。首先,通过城乡增减挂钩政策实现农村闲置低效用地向城市高价值空间的转移,进而提高土地利用效率。有序推进农村集体经营性建设用地入市,并完善预留指标和规划"留白"机制,确保年度新增建设用地指标的5%用于乡村重点产业。其次,推动城镇开发用地进入乡村,促进集体建设用地与城市开发用地的融合使用,提升农村土地的综合效益。深化"一块地"集成改革,推进跨乡镇土地综合整治试点,盘活存量建设用地。推广"飞地抱团"模式,村集体以土地入股城镇产业平台,共享长期收益。例如,嘉兴市南湖区通过"土地入股＋国资合作"实现村集体年增收超200万元。"飞地抱团"模式促进了土地的集约化使用,推动优化农业和乡村产业结构,形成以农村经济带动城市发展的双向互动,促进城乡要素的高效利用。

②人才双向流动机制。人才流动有助于提升农村科技含量,为乡村注入新活力和新理念。通过政策引导和激励,促进农村劳动力的转移与城市人才的引入。落实以经常居住地登记户口制度,促进长三角城市群居住证跨省互通,扩大居住证在公共服务中的使用场景。此外,实施"青年入乡"计划,支持高校毕业生等"新农人"回归乡村,每月提供生活补贴,配套创业担保与场地支持,2025年目标培育现代"新农人"3.5万人。同时,助力乡村人才反哺。推广"新塍大米"全产业链模式,引入农创客团队整合农户与合作社资源,带动订单农业,支撑城乡共同繁荣。

③资金多元保障机制。强调城乡资源共享与资金的精准配置,优化城乡融合领域资金投入,探索建立城乡融合发展基金。引导社会资本参与,乡村振兴资金中不少于20%用于村集体经济发展项目,推动"扶村贷""强村贷"等金融产品落地。同时推广"飞地抱团"等项目模式,推动资金从城市流入乡村,提升乡村集体经济的运作效率,确保农村资源的增值与农民收入的提升。

(2)空间重构:城乡功能与生态的协同布局。

①产业协同发展。乡村振兴与新型城镇化的双向互动还要求加强产业的协同发展。依托城市的产业链带动乡村发展,优化农业空间布局,推动农业与城市特色产业的联动发展,逐步实现土地利用的高效与集约化。构建"3+7"产业协作体系(3大都市产业带+7个县域特色集群),推动纺织、装备制造等传统产业梯度转移。同时通过乡村的特色产业反哺城市,激发乡村特色资源潜力,发展"美丽乡村+"新业态。促进农村经济发展也为城市产业提供支撑,培育数字农业、休闲康养等融合产业,如乌镇"互联网+农业"模式。实施"强村富民+土特产链"延伸行动,2025年目标培育10亿级"土特产"全产业链15条,形成产业与空间的互动发展模式。

②生态共建共享。优化城乡生态空间格局,统筹推进绿色基础设施建设与生态系统服务能力提升。通过跨区域生态产品价值实现,推动城乡生态空间一体化。深化"无废城市"建设与"肥药两制"改革,完善流域横向生态补偿机制,促进生态产品价值转化。实施"百河千浜"整治工程,助力生态景观网络化,2025年目标建设省级AAA级景区村庄110个。促使农村生态价值转化为经济价值,实现城乡共享生态红利。

(3)制度创新:双向互动的长效保障。

①土地制度。土地的制度创新是城乡互动过程中实现资源优化配置的关键。深化农村宅基地制度改革,依托政策创新推动农村闲置土地的有效利用,进一步探索"蓝领公寓""新乡邻公寓"等模式,激活农村闲置房屋,提升土地及其附属资源的利用率和经济价值。通过改革赋予农民更多的土地使用权,促进农村经济发展。同时,增强土地的流转与交易机制,使土地资源能够有效流通,实现城乡土地的互相补充与协同发展。实施土地综合整治与集约化利用,增强农村地区的土地价值,进一步促进城

乡土地资源的合理配置与高效利用。

②人才制度。为加速城乡人才的双向流动与融合,必须构建城乡一体化的人才服务机制。建立跨区域的人才流动平台,强化农业科技特派员、农村工作指导员等队伍建设,为乡村提供更有针对性的服务与支持。推出更加灵活的人才引进政策,鼓励优秀人才在城乡之间流动,形成城乡之间人才的共享与互补。在此基础上,推动"人才强村"战略,实行青年人才扶贫,组织科技创新人才到乡村进行驻村服务,提升乡村经济发展与社会治理能力。

③治理制度。基层治理体系是城乡融合的基础支撑。以数字化手段提升治理效率,完善"一中心四平台一张网"基层治理架构,实现网格化管理、精细化服务、信息化支撑,在提升行政效率的同时促进社会服务的均等化与个性化。此外,深化"三治融合＋"场景应用,通过法治、德治与自治相结合的方式,提升乡村治理效能。目标是在 2025 年底之前,矛盾纠纷的就地化解率达到 98％以上,确保乡村社会的和谐稳定,为乡村振兴提供有力的社会治理保障。

3．推进措施

嘉兴市推进城乡统筹发展过程中根据不同阶段有针对性地制定了推进措施,在措施实施过程中按照"有选择地灵活运用"的原则,给予各级政府适度的弹性操作空间,在政策运用上实现了与发展实际紧密结合的特点,避免了"一刀切"的做法。总体上来说,嘉兴推进统筹城乡是一个自上而下的推进过程,根据不同阶段的目标任务,分级层层分解落实,进行目标考核。

2004 年 3 月,时任浙江省委书记的习近平同志深入嘉兴基层进行了为期 4 天的蹲点调研,明确指出:"嘉兴 2003 年人均生产总值已超过 3000 美元,所辖 5 个县(市)在全国百强县中都居前 50 位,城乡协调发展的基础比较好,完全有条件经过 3～5 年的努力,成为全省乃至全国统筹城乡发展的典范。"

嘉兴市委以 2004 年一号文件在全省率先出台了《嘉兴市城乡一体化发展规划纲要》,在城乡空间布局、基础设施建设、产业发展、劳动就业与社会保障、社会事业发展、生态环境建设与保护等方面实施"六个一体化"，统筹城乡发展开始全面推进。

2007 年,嘉兴在全国率先取消了二元户籍制度和实现全民社保,打破了原有的依附于户籍制度的城乡二元体制,进一步从财政方面增加了支农力度。

2008 年,《中华人民共和国城乡规划法》正式实施,促进了整个规划体系全面由城市规划转向城乡规划。

2009 年,嘉兴市在上一年部分试点的基础上,着力以"两分两换"政策的实施和"1640+X"的城乡统筹布局模式为推进措施,积极实施统筹城乡工作。

根据《关于进一步优化土地使用制度推进"两分两换"工作的通知》和《关于推进农房改造集聚加快现代新市镇和城乡一体新社区建设的意见》两份文件精神,嘉兴市提出在 2009 年,建立起农村土地流转服务网络和土地流转信息化管理系统,力争到 2012 年,全市农村土地流转率达到 50% 以上,土地集约程度和经营者的规模效益明显提高;全面启动新一轮布点规划确定的城乡一体新社区建设,加快推进农房改造集聚,确保完成 8.5 万户农房改造集聚任务,力争建设 10 万户,实现全市农民向现代新市镇和城乡一体新社区搬迁集聚率达 25% 以上。建成 100 个示范性城乡一体新社区,作为全市城乡一体新社区建设的示范和样板。完成建设用地复垦 2.33 万亩,力争 4.6 万亩。

2024 年 3 月 31 日,浙江省人民政府批准《嘉兴市国土空间总体规划(2021—2035 年)》,对嘉兴市国家城乡融合发展区的定位作出了进一步明确的部署与指导,提出构建"1 个区域中心城市+6 个区域节点城市+34 个特色城镇"三级市域城镇体系,标志着嘉兴市在促进城乡一体化、统筹城乡发展方面迈出了重要步伐。

4. 保障措施

嘉兴市在推进城乡统筹发展过程中,从产业发展、规划建设、财政金融、社会保障、基础设施建设、配套设施建设、户籍制度等方面推出了一系列的保障措施,这些措施有力地保障了城乡关系和谐发展,保障措施的制定坚持人文关怀和物质精神同步推进的理念,从产业发展、空间布局、社会保障、生态环境等多方面以"人"的发展为核心制定了各项保障措施。

2009 年嘉兴市 27 号文件《关于推进农房改造集聚加快现代新市镇和城乡一体新社区建设的意见》提出加快"两新"工程建设，旨在优化土地资源要素配置，提高节约集约用地水平，拓展城乡建设发展空间，推进城乡基础设施网络化和公共服务均等化，促进城乡区域统筹发展，同时增加农民财产性收入，激发创业创新活力，提高生活品质，促进农村生产生活方式同步转换，加快传统农民向现代市民转型，实现人的全面发展。

《嘉兴市国土空间总体规划（2021—2035 年）》提出以系统化制度创新推进城乡统筹发展，构建"政策集成、要素互通、服务共享"的多维度保障体系。通过深化"两新"工程建设，统筹农房改造与土地综合整治，优化城乡空间资源配置，推动基础设施网络化延伸与公共服务标准化覆盖。创新"三权分置"改革与集体经营性建设用地入市机制，拓宽农民财产性收入渠道；实施梯度化户籍制度改革与城乡社保并轨，促进农业转移人口市民化。建立财政优先保障、金融重点倾斜、社会资本参与的多元投入机制，强化产业协同平台建设与人才双向流动，形成"以城带乡、以乡促城"的高质量融合发展格局。

4.3.2 新型城镇化的驱动与乡村振兴的反哺作用

1. 模式

仔细研究嘉兴市统筹城乡的实践过程可以发现统筹城乡是一个渐进的过程，具有以下三个方面的特征。

（1）经济发展、城市规划建设和城乡统筹三条主线的相互作用、共同推进。

经济发展、城市规划和城乡统筹三条主线的相互作用，形成了嘉兴市城乡统筹发展的特有模式，在各阶段城市规划起到了决定性的推动作用，落实了经济发展的空间，直接促进了城乡互动关系的建立，为实施各项城乡统筹措施提供了保障。

由图 4-2 可知在实现一体化过程中，城市规划由被动参与逐渐转变为主动研究，城市规划在管理实施、编制过程中也由从属地位真正走向了龙头地位。

（2）物质条件改善与精神生活提升并重。

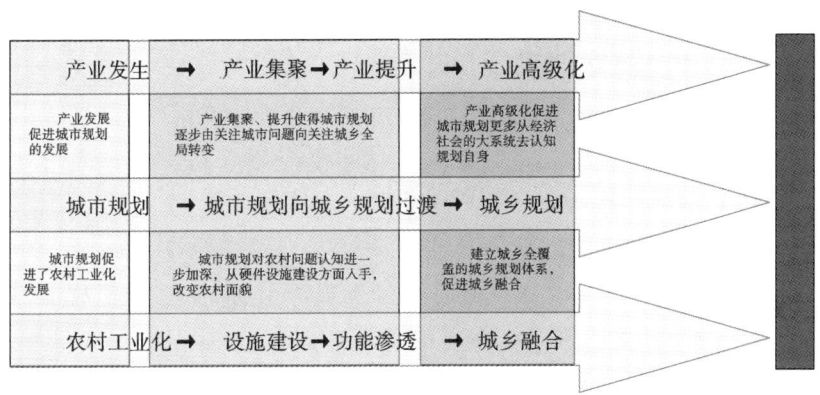

图 4-2　经济发展、城市规划和城乡统筹三条主线相互作用

　　针对不同阶段的发展需求,嘉兴市在改善城乡物质条件的同时,不断提升城乡居民的精神生活,从打造城乡一体化发展先行地行动纲领到"两分两换""两新"工程,嘉兴市在农村掀起了新一轮"土改",不仅完善了农村道路交通、商业网点,在此基础上,还在医疗卫生、教育、文化、体育等精神生活配套方面进行了卓有成效的探索,目前各镇设有嘉兴图书馆分馆、村级图书室、文体活动室和活动场所基本普及,民间文艺表演队伍和表演团体逐年增多,农民精神生活丰富多彩,嘉兴特色的地方文化得以传承和发展。

　　(3)城市规划体系建设逐步完善。

　　城市规划体系建设是建立在对市域总体情况的掌握和对未来发展的预期基础之上的,从网络型大城市的提出到城乡一体化行动纲领的制定,再到"两分两换"和"两新"工程的实施都是在准确认知现状阶段,针对现实发展需要提出的发展策略和措施,而城市规划一直以来都是在宏观政策指导下将这些政策措施落实到空间层面的技术支撑,因此城市规划体系的建立对于城乡统筹发展至关重要。

　　①概念。

　　城市规划体系建设是嘉兴市推进新型城镇化与乡村振兴双向互动的核心抓手,旨在通过科学的空间布局、资源统筹和制度设计,实现城乡功能互补、要素流动和协调发展。根据《嘉兴市土地利用总体规划(2006—2020 年)》中"1640"城镇体系的发展要求,从建立新型城乡关系的视角出发,嘉兴市委、市政府提出了"两新"工程,与之相对应产生了"1＋X"的镇村体系,其中"1"代表新市镇,"X"代表城乡一体新社区,基本确立了镇村二级结构体系。

②内涵。

"1＋X"的规划体系包含新市镇和城乡一体新社区。

a. 新市镇。

嘉兴市提出的新市镇是以城乡统筹发展为目标的,它既是中心城市功能扩散的产物,也是郊区自身城市化的集聚中心,重在推动城市化,解决现阶段城市化落后于工业化的问题,推进城乡关系和谐发展。新市镇包含了城镇经济、社会、产业、规模、定位、特色等一系列的转型和创新。

b. 城乡一体新社区。

城乡一体新社区是以推进农业产业化发展为抓手,以提高农民收入和保障水平、实现城乡协调一体发展为目标,而设立于郊区的新型农村社区,这种社区是构建嘉兴市"1640＋X"空间结构的最小单元,它既能满足居民日常生产生活需求,又能使居民享受与城市居民同等的社会保障,是嘉兴市统筹城乡发展在空间上的基本构成细胞。

③体系构成。

随着城乡一体化战略的深入实施和推动高质量发展的进一步要求,统筹城乡发展的蓝图不断迭代升级。《嘉兴市国土空间总体规划(2021—2035年)》提出构建多中心网络化城镇体系,打破单中心发展的限制,建立具有内在联动性和外部辐射力的城镇网络,体现了空间均衡和功能集聚的有机统一。具体而言,以"多中心网络化"为核心架构,通过空间布局优化、要素高效配置和制度创新,形成新型城镇化与乡村振兴的双向赋能,包括"一核六极"的市域城镇空间结构和"1个区域中心城市＋6个区域节点城市＋34个特色城镇"三级市域城镇体系。其本质是通过规划的系统性与协同性,实现城乡功能互补、资源互通和发展互促。

④体系组成的关系。

城乡是一个完整的共生体,在从区域到乡村的体系中,中心城市、副中心城市和新市镇是参与区域竞争的主体,而新市镇和城乡一体新社区是推进农业产业化的前沿阵地,因此城镇起到了连接城市与乡村的节点作用,如图 4-3 所示,嘉兴市规划编制体系如图 4-4 所示。

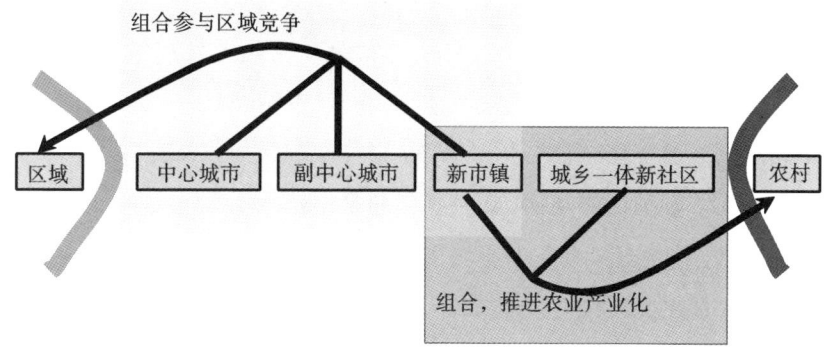

图 4-3　新市镇和城乡一体新社区的节点作用

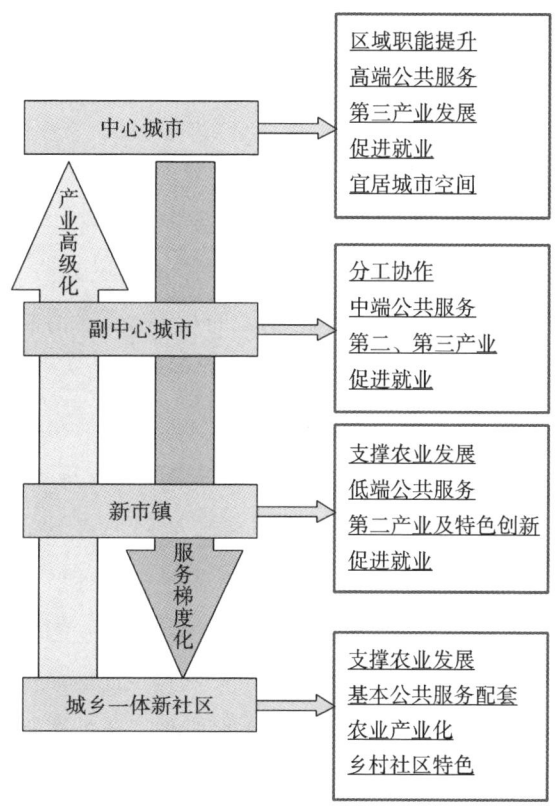

图 4-4　嘉兴市规划编制体系

中心城市与副中心城市、新市镇、城乡一体新社区是一个等级由高到低的排列,中心城市功能的高级化才能促进体系中各层次的发展,同时可在区域竞争中占据价值链高端,在推进农业产业化上发挥重要作用。中心城市是区域竞争的主体,为副中心城市、新市镇、城乡一体新社区提供科技、信息、人才等服务。

副中心城市是第二层次,其主要任务是围绕中心城市职能的提升,提供产业支撑,副中心城市与中心城市之间是一种分工协作的关系。

新市镇重在提升产业功能和小区域的生产生活服务功能,为中心城市和副中心城市的发展提供产业支撑,为城乡一体新社区提供生产生活服务。

城乡一体新社区重在推进农业产业化发展,提高农业劳动生产率,改变农民的生产生活方式,目的是增加农民收入、改善农民生活。

2. 机制

（1）创新规划体系,建立城乡互动的规划编制、管理新机制。

规划设计是建设行业的龙头,科学合理的规划设计和管理体制是统筹城乡发展的基础。自嘉兴市确定城乡一体化发展战略目标以来,嘉兴市在规划编制和管理上都在探索建立新的机制,规划编制上包含了诸如市域总体规划、大分区规划等在内的非法定规划的编制,探索在规划设计方面实现城乡全覆盖,改变了城乡分隔的"就城市论城市、就村庄论村庄"的规划模式;规划管理上强化了村庄规划的管理和农房建设审批,进一步规范了新农村建设,同时积极研究新农村基础设施建设标准、建房标准等。

（2）创新农房建设管理,建立新农村建设技术指导机制,提高农村建房的技术水平。

农村建设一直是建设行业问题最多的领域,近年来嘉兴市针对新农村建设管理开展了多次专题研讨,意识到一方面推进统筹城乡发展的难点在农村,另一方面建设管理缺位及技术人才缺乏是出现这一难点的症结所在,因此在管理和技术指导上建立新的机制才能从根本上解决这一难点。

一直以来"政府组织、专家领衔、群众参与"成为嘉兴市推进统筹城乡发展的原则,由政府相关管理部门牵头,组织专家对新农村规划和建设进行技术指导,对施工企业提出了施工资质管理要求,保障了新农村建设过程中的施工管理科学性和施工安全性。嘉兴市建委组织了农房设计竞赛,涌现出了一批规划科学、建筑设计合理的精品新农村建设方案,在此基础上又组织了规划、建筑、市政工程等专业新农村建设相关技术骨干进行为期 2 年的"百名专家下基层"活动,这些活动有力地提高了新农村建设水平。

(3)创新投融资体系,建立城乡互动的新农村建设投融资机制。

在嘉兴市建设新农村的过程中,投融资体系也在不断创新,财政投入由硬件设施建设逐步转向教育、就业培训、医疗卫生、文化体育、社会保障等软件建设,农业产业化发展引入市场机制,从金融、税收政策等方面扶植涉农企业,新农村建设也由政府包办转换为政府引导、村民参与、多种形式投融资并存的操作模式,投融资渠道的多样化,逐步缓解了财政压力,使得财政投入能够更高效地用在社会发展上。

3. 工作重点

在嘉兴市推进统筹城乡发展的过程中,不同阶段的工作重点也有所不同,这些不同的工作重点都是针对不同发展阶段出现的问题和矛盾,围绕现实需要,从构建新型城乡关系出发,以促进经济社会和谐发展为目标,加快统筹城乡发展从低级阶段向高级阶段迈进。

(1)乡村工业化阶段。

从改革开放开始,嘉兴市在规划建设方面已经迈出了坚实的步伐,1981 年嘉兴市城市总体规划开始编制,城市性质确定为"以轻纺、机械为主的加工工业城市,杭嘉湖平原东部的水陆交通枢纽",1985 年经浙江省政府批准,嘉兴市的城市性质确定为"嘉兴市域的政治、经济文化中心和交通枢纽,上海经济区内对外开放的重要工业城市之一",城市规模为至2000 年控制在 20 万人以内,用地控制在 16 平方千米以内。该版总体规划为城市发展打下了基础，为工业发展指明了方向，城市结构的框架基本确立，为推进嘉兴城市化作出了应有的贡献。1994 年嘉兴市进行了总体规划修编，确定了嘉兴市的城市性质为"嘉兴市域的政治经济文化中心，浙北交通枢纽，长三角南翼重要的工贸城市"，城市规模为至 2000 年为 30 万人，2020 年为 70 万人，建设用地 2000 年控制在 28.5 平方千米以内，2020 年控制在 77 平方千米以内。这一轮总体规划确定了城市风扇形结构和环状加放射状的路网，同时城市性质和产业发展更加明确，构建了五级城镇体系，促进了城市区域的发展。至 2000 年，在总体规划的指导下，嘉兴市围绕工业化发展编制了大量的各层次规划，为工业化发展提供了保障。

（2）农村设施建设阶段。

嘉兴市在乡村工业化阶段的基础上，逐步理顺了城镇体系，规划建设围绕改善农村设施，进一步推进工业化和城市化而展开，这一阶段编制了包括城镇体系规划和市域内各县、市、区、镇的总体规划，中心城市内部编制了大量的控制性详细规划，这一阶段规划借鉴了苏南、上海、珠三角的建设模式——"规划先行、基础设施跟进"，为经济高速发展打下了基础，同时区域道路交通、基础设施规划建设也大大改善了农村的设施服务水平，客观上促进了城乡要素流动，增强了城乡互动关系。至 2006 年，嘉兴市域基本实现村村通公路、公交，水电、环卫等设施基本覆盖了农村居民点。更为重要的是嘉兴市域在此阶段规划重点由城市逐步转向农村，新农村建设提上了议事日程，全市开展了新一轮的新农村建设规划，探索新农村建设的新模式，一批试点村庄建设已经完成。

（3）城市功能渗透阶段。

2003 年，嘉兴市上一版城市总体规划的规模被突破，嘉兴市组织编制了新一轮的城市总体规划，规划首次将城市规划区扩大至行政辖区，提出了城乡一体化发展的新思路，在市域、市区和中心城区三个层面上均作出了详尽具体的规划，嘉兴城市性质确定为：长江三角洲的经济重镇，上海南翼的港口新市，江南水乡的文化名城。市域重点发展"一心、五次、十点"网络型城镇群,通过绿色空间隔断,实现开放式组团布局,优化个体及群体空间形态。市区形成"两翼辅心、三楔归水"的结构,中心城区规模在2010年为60万人,2020年为80万人,2010年城市建设用地为72平方千米,2020年城市建设用地为86平方千米。在总体规划的指导下,嘉兴市城镇体系基本明确,中心城市的地位进一步提升,城乡全覆盖的各层次规划也逐步编制。

这一阶段将乡村工业化阶段的小工业逐步转移至集中的工业园区,为农村工业向更高层次发展奠定了基础,同时新农村基础设施得到明显改善,基本配套设施需求逐步增强,以镇和行政村为单位的公益性公共设施配套建设成为统筹城乡发展的重点,这一阶段的规划建设基本实现了城乡公共设施均等化的要求。

(4)城乡趋向融合阶段。

计划经济形成的城乡二元结构已经成为经济社会发展的主要障碍,打破城乡二元结构成为促进统筹城乡发展的重要课题,土地成为发展的瓶颈,表现为,一方面土地资源的稀缺性严重阻碍了城市发展,另一方面农村建设用地的不经济使得农村土地浪费严重。集约利用土地、挖掘土地潜力成为统筹城乡发展的头等大事,在此背景下要实现城乡转型,就必须突破原有的土地利用模式,实现土地利用的可持续性。因此嘉兴市在2006年编制了《嘉兴市域总体规划》,在市域规划中明确提出了"1640"的城镇体系结构,并且针对各层次的发展需要综合协调了其发展目标和空间优化策略。

2009年,嘉兴市委、市政府根据发展需要,以"两分两换"和"两新"工程的推进为抓手,积极探索统筹城乡发展的新模式,在此过程中,规划建设主要通过对农村发展情况进行研究,从农村人口变化、空间布局等方面提出了适合嘉兴发展的城乡规划体系,完善了"1640"城镇结构体系的内涵。

《嘉兴市国土空间总体规划(2021—2035年)》以"多中心网络化"为核心架构,通过构建"一核六极"的市域空间骨架,即嘉兴主城区为核心、

"六极"城市为支撑的格局,配合"1个区域中心城市＋6个区域节点城市＋34个特色城镇"的三级市域城镇体系,推动区域空间功能的差异化发展与协同演进。进一步形成"核心引领—节点承接—特色支撑"的功能分工格局,实现资源从城市向乡村延伸、产业从核心向周边拓展的良性互动。

嘉兴市的规划建设重点逐步由城市转向了城乡一体规划,主要研究了城市与城镇及城乡一体新社区的关系,从构建合理的城乡关系和推进特色城镇、村庄建设出发,探索"1＋X"镇村体系布局新模式。

4. 操作方式

(1) 加强领导,构建工作体系。

嘉兴市成立了统筹城乡综合配套改革领导小组,由市委、市政府主要领导任组长,负责总揽改革试点工作。领导小组下设7个由分管副市长牵头的专项推进工作组,专门成立市统筹城乡综合配套改革领导小组办公室,负责全市推进统筹城乡综合配套改革试点的日常工作。各县(市、区)也相应成立了统筹城乡综合配套改革领导小组和专项工作组。形成了一个由党委领导、政府负责、部门齐抓共管、上下联动的统筹城乡综合配套改革试点推进工作体系。

(2) 深入调研,制定政策意见。

通过深入调研,嘉兴市制定出台了《关于开展统筹城乡综合配套改革试点的实施意见》和《关于开展节约集约用地试点加快农村新社区建设的若干意见》,明确了工作目标、原则、措施和任务,按照先行先试、率先突破的要求,全面实施以"两分两换"改革为核心的"十改联动"综合配套改革试点。

(3) 上下衔接,形成工作合力。

试点推进中,时任浙江省委常委、常务副省长陈敏尔对嘉兴试点情况进行了专程调研与指导;省发展改革委充分发挥试点牵头协调部门的职能,多次到嘉兴实地了解详细情况,在试点的方法上、政策把握上给予精心指导,对存在的困难和问题给予积极的帮助和协调。嘉兴市委、市政府十分注重与省级部门的对口联系,市级部门就统筹城乡综合配套改革中涉及的一系列政策问题及时同省级对口部门进行汇报、沟通、对接,得到省级有关部门的理解和支持,形成了上下合力推进的良好氛围。

(4)重点突破,"十改联动"推进。

在统筹城乡综合配套改革试点中,嘉兴市把"两分两换"改革作为统筹城乡综合配套改革的核心和关键予以重点突破,试点先行,以实现"土地节约集约有增量,农民安居乐业有保障"的目标。在着力抓好"两分两换"试点同时,"十改联动"的其他各项改革扎实推进,全面、有序展开。

5. 主要成绩

嘉兴市经过近年来的统筹城乡发展实践,取得了阶段性的成果,具体表现为网络型大城市构架初步建立、新市镇建设进入实质性实践阶段和城乡一体新社区建设正有序推进等。

(1)网络型大城市构架初步建立。

嘉兴市自开展统筹城乡发展以来,以构建"1640＋X"的网络型大城市为目标的规划建设体系基本形成,进一步向"1634"的均衡空间格局演化。网络化建设的意识逐步增强,网络化体系内各级城市分工协作意识逐步增强,表现在交通上中心城区至各县(市、区)的高等级公路基本建成,30分钟到各县(市、区)的目标已经实现,在强化交通联系的同时,产业分工协作和错位发展关系也逐步建立。

同时,以市域总体规划和县域总体规划为统领的覆盖全境的国土空间规划基本编制完成,这些规划的编制优化了资源配置、协调了区域城乡空间,成为建设网络型大城市的纲领性文件。

(2)新市镇建设进入实质性实践阶段。

从完善"1＋X"镇村规划出发,针对新市镇建设需要,在新的时代背景下赋予新市镇新的内涵,新市镇是城乡空间的节点,是城乡之间的纽带,是城市的组成部分,在"两分两换"和"强镇扩权"的政策推动下,全市47个建制镇的总体规划正在修编,本轮城镇总体规划在合理预测城乡人口规模的基础上,重点在城镇定位、优化空间结构、产业空间布局、城镇特色培育、镇村体系结构等方面进行了研究,突出新市镇的产业创新职能和对农村人口的吸纳作用,逐步形成城镇与乡村在产业、空间、生态环境、人口等方面的协调发展。

（3）城乡一体新社区建设正有序推进。

嘉兴市在研究了城乡关系和农村现实情况的基础之上,合理分析了农村发展的前景,一批特色鲜明、生产生活便利的城乡一体新社区建设已经付诸实施。建设城乡一体新社区已经不仅仅是单纯地解决农村人口集聚的问题,而是通过城乡一体新社区建设推进新型城镇化和农业产业化进程,并且经过对以往新农村规划的回顾、总结与反思,通过规划有发展地继承了村庄空间肌理和传承了历史文脉。

4.3.3 实现双向互动的政策与机制创新

1. 优化城乡规划体系,转变城乡空间布局模式

以往的城乡规划体系已经不能满足当前城乡发展的需求,阻碍了城乡空间布局的进一步完善,因此要优化城乡规划体系,转变城乡空间布局模式。

（1）优化城乡规划体系。

第一,围绕嘉兴市建设网络型大城市的格局,将以城乡统筹发展为目的的村镇布局纳入"1634"的规划体系当中。通过制度设计强化市域空间一体化管控、规划统筹与区域协同治理,推动规划从"分区规划"向"整体谋划"转型。

第二,修编新市镇总体规划,加强村镇建设空间与基础设施统筹安排。通过以镇为单位的镇域村庄布点规划、镇区总体规划和镇区详细规划的修编工作,建成一批对农村极具吸引力和有特色的现代化新市镇,并且保障城乡统筹在城镇空间与基础设施方面的落实。

第三,以"1＋X"模式,科学推进村庄建设规划。通过"1＋X"模式,促使自然村逐渐消亡或转化。同时要认识到城乡统筹是一个循序渐进的过程,可通过设置控制区、过渡点的方式避免大拆大建和重复建设。对于保留的村庄,将建设的重点放在解决农村"脏、乱、差"问题和配套设施等整

治管理的内容上来。

第四,加强与相关规划的衔接,确保村镇各项事业全面发展。新市镇总体规划修编及村庄规划的编制必须与当地经济社会发展规划、土地利用总体规划相衔接,并与各类专项规划相吻合,确保村镇各项事业全面发展。

(2)转变城乡空间布局模式。

转变城乡空间布局模式,应该根据"1+X"的布局要求,通过促进城市建设带动新市镇,通过新市镇的建设带动农村建设,促进新市镇与农村从"三分散"格局向"三集中"格局转变。由于区域位置、经济水平、公共基础设施、自然条件存在差异,因此各地村镇建设也必须坚持循序渐进、因地制宜的原则,不能搞"一刀切"。同时,做好安置区域与村庄点的"水文章",避免兵营式的呆板布局模式,回归江南原有沿河而居、前塘后竹的空间文化特色。

2. 完善优化城乡产业布局,提高经济效益

大力推进"两分两换",改变城乡工业、居住用地与农业用地交叉散布的模式,促进农业用地的集中,实现农业的规模经营,推进农业产业化发展,提高农业劳动生产率。同时,农村经济还可以向效益、观光、休闲农业拓展,使农业成为具有生产、绿化、观光、旅游、体验、休闲乃至教育等多项功能的现代农业。

通过"两分两换"促进村镇工业向新市镇工业园区集中,充分发挥市镇工业园区作为工业经济发展主平台的作用。注重园区平台的打造,抓住土地利用总体规划修编和"两分两换"的契机,做好园区发展规划的研究、修编和实施工作,加强园区基础设施建设,完善综合服务功能,推进园区扩容升级。同时注重培育特色产业,引导产业集群发展,实现"一县一业"和"一镇一品一链"。

人口和乡镇工业向新市镇的快速集中,使新市镇对生产性服务业和生活性服务业的需求急剧上升,同时基础设施和公共设施在新市镇的集中建设,使服务业能够在新市镇集中连片发展,形成规模效益,从而进一

步促进新市镇向小城市发展。

3. 完善优化土地利用规划，实现土地资源合理配置

为有效推动城乡融合发展，嘉兴市要持续优化土地利用规划，提升土地资源配置效率，实现土地空间结构的科学化、集约化和复合化。在规划引领下推进农业空间布局优化，大力实施"多田套合"策略，整合粮功区、高标准农田、永久基本农田和耕地，实现农用地空间的层层叠合，有效破解耕地碎片化和行政空间错配难题。同时，释放国土空间规划中削减87万亩耕地保有量的空间红利，将其优先用于乡村产业发展和基础设施建设。此外，注重土地的集约节约利用。鼓励盘活"批而未供""供而未用"土地，推进低效产业用地整治与城市有机更新；加强地上、地下空间复合利用，特别是在轨道交通站点、老旧住区、工业园区等重点片区，实施空间立体化开发与功能混合利用，提升土地单位面积产出效率。

4. 根据"1+X"村镇规划，抓好农村公路建设

在村镇布局规划形成后，在农村公路大路网、主框架不变的前提下，在合理布局方面重点做好两方面调整工作：一是做好农村公路路网与新市镇建设、城乡一体新社区规划的衔接配套工作；二是按照村镇布局规划做好农村公交线路规划的调整工作。

结合村镇建设规划调整、提升农村公路行政等级和技术等级。从现状看，农村公路还要进一步提升技术等级，使重要的农村公路达到二级以上，里程在1000千米左右，一般农村公路达到三级，里程在2000千米左右。但行政等级的调整、技术等级的提升，都必须与新市镇建设、新农村居住区点建设、农村公交等情况结合起来，进行统一规划、统一调整、统一改造。

为了节约土地资源、促进农民搬迁集聚，要适当控制农村公路总量，不能盲目建设、盲目发展。如何做到农村公路总量要控制好，农村公路网络也要完善好，便要求我们在科学规划上，在与新农村建设规划有机结合上下功夫、做文章。

5. 加大财政扶持力度，创新投融资机制

"巧妇难为无米之炊"，资金投入是进一步完善村镇布局的有力保障，

因此既要加大财政扶持力度,对财政资金进行集中投入,同时也要创新投融资机制,构建多渠道的投融资体系。

（1）加大财政扶持力度,分阶段进行重点投入。

各项财政补助政策,既要保证面上的各项政策的执行,又要根据各个阶段的重点项目进行重点投入。结合嘉兴市"两分两换"试点工作的开展,在对现有补助体系进行全面梳理的基础上,财政相关补助资金要向新市镇和城乡一体新社区集中。财政资金应重点投入农村困难群众住房救助、村镇规划编制和修编、农房改造建设、新市镇和城乡一体新社区基础设施建设与维护中,避免再将资金分散投入零星分布的自然村的各项设施建设与维护中,使财政资金能够得到集约、高效的利用。

（2）创新投融资机制,构建多渠道投融资体系。

首先,抓住"两分两换"、土地流转的需求,加大外资、国资、民资的三资引进力度,创新投融资机制,鼓励组建市镇投资开发公司,重点投向基础性和公益性设施,鼓励引导民间资本参与市镇建设。树立"城市经营"的理念,实现市镇效益的最优化和最大化。

其次,在现有与金融机构合作的基础上,进一步加大与各级金融机构的合作力度,大力发展小额信贷组织、村镇银行等新型农村金融机构,不断创新金融产品,强化金融服务支持的力度,为加快新市镇建设和实现"两分两换"的可持续推进提供资金要素保障。

6.优化完善"两新建设"布局

以"两分两换"为主抓手,大力推进农房改造集聚,加快新市镇、新社区"两新建设",是盘活农村土地存量、拓展发展空间、加快建设现代化网络型大城市的需要。

（1）推进农房改造集聚。

为加快城乡一体化发展、改善民生、促进土地集约节约利用、拓展发展空间,按照"1＋X"的布局规划要求,大力推进农房改造集聚。具体推进过程中,要坚持因镇制宜,科学合理选择集聚模式。在安置模式上,可以是整村搬迁,也可根据农民意愿分期、分批搬迁集聚;在安置形式上,原则上采取"三为主一控制",即主、副中心城市城区以公寓房为主,新市镇以公寓房和联排房为主,新社区以联排房为主,控制独立式房屋的建造数量。以农房改造集聚的形式,通过"两分两换",或先"一分一换"(宅基地置换),最终盘活农村土地存量,实现土地流转,既拓展了城市发展空间,又实现了农业的规模化经营,大大提高了生产效率。

(2) 提高新市镇建设水平。

以"两分两换"为主抓手,重点培育新市镇。首先,用现代小城市的理念,高标准、高起点编制新市镇建设总体规划,抓紧完善"1+X"村镇规划,形成市镇建成区"一心为核"、城乡一体新社区"星点成聚"的新格局。

其次,努力在市镇建设的重点领域取得突破性进展,加快新市镇"创新型工业功能区""现代型商贸服务区""宜居型新城区""生态型农业区"四区建设。

最后,加快新市镇基础设施建设步伐,加快实现"五通一平",提高教育、医疗等与人民生活息息相关的基础设施建设标准,配建较高水平的商业设施、文化设施、体育设施和休闲娱乐设施。通过不断提高镇区基础设施水平提高居民生活品质,加强城镇的吸引力。

(3) 加快城乡一体新社区建设。

根据各地的自然地理环境、人文特色、经济社会发展水平和生产方式的不同,按照功能区块清晰、人口集聚适度、服务半径合理、功能配套齐全的要求,科学编制好城乡一体新社区建设规划。城乡一体新社区应充分利用农村河塘、田地等地势、地形、地貌,凸显江南水乡生态高雅的人居环境,房型及户型做到"面积不大功能全,造价不高形态美",实现一区(社区)一品,处处是景。高标准、高起点建设社区基础设施和公共服务设施,做到广电网、电信网、互联网"三网融合",进村(社区)入户,实现城乡一体的供水、供气和污水处理系统,建成集行政管理、商业服务、教育培训、卫生(计生)服务、文体活动、法律事务、治安管理等公共服务于一体的社区服务中心,打造功能布局合理、社区各具特色、生态环境良好、基础设施完善、服务设施齐全、管理民主规范的城乡一体新社区。

7. 完善优化基础设施空间布局,提升建设标准

按照"1+X"的村镇规划布局,进一步完善基础设施空间布局。把新市镇和城乡一体新社区看作网络型大城市的重要发展片区和功能组团,把村镇的基础设施布局纳入整个市域来统筹规划布局。每个新市镇都应编制覆盖整个镇域范围的综合交通规划、供水规划、污水规划、燃气规划、环境卫生与垃圾处理规划、水系规划,以及市域文化、教育、体育、卫生设施建设规划等,在各专项规划中按照"1+X"规划布局的要求,明确各项设施的建设发展布局,实现各项设施的共建、共享,形成镇域统一规划布局重大基础设施、重大产业和公共事业、社会发展项目的村镇建设新格局。

加大村镇基础设施建设的投入和扶持力度,大力完善新市镇和城乡一体新社区的交通、供水、污水处理、燃气等基础设施配套,提高新市镇的建设水平,做美新市镇的环境,提升新市镇对农村产业和农业人口的吸引力和集聚力。对于符合规划的农村基础设施建设要在政策上扶持、在资金上倾斜,反之,要严格控制、约束,避免造成不必要的浪费。

4.4 生态环境保护与可持续发展的嘉兴智慧

4.4.1 统筹城乡生态环境的主要内容

1. 城乡生态环境建设和保护一体化内涵

城乡生态环境建设和保护一体化是从协调嘉兴市城乡经济社会发展和环境保护、生态保护的关系,全面推进嘉兴市社会经济发展这个层面上提出来的,其核心是确立生态优势在促进经济、社会可持续发展,提高城乡人民群众的生活质量等各项工作中的导向作用,以推动嘉兴市现代化建设各项目标的实现。

城乡生态环境建设和保护一体化就是将经济、社会与生态作为一个

复合系统从整体上来考虑,把城乡生态一体化作为增强城市核心竞争力的最为重要的方面,努力打破经济与生态对峙的旧观念,走经济生态化、生态经济化的发展道路,彻底改变疏于和忽视农村环境保护的倾向,按照建设生态城市的要求将城市化地区与农村化地区的生态环境统一纳入一个大系统中来规划、发展。根据嘉兴的城市性质和定位、规模,原有绿地基础、气候、地理等客观因素,综合考虑生态功能区布局,建立协调的城市、乡镇与自然环境生态体系。

2. 城乡生态环境建设和保护一体化的意义

城乡生态环境建设和保护一体化,是一种现代条件下城乡生态环境高度融合、互补、互动的经济、社会发展模式,是城乡经济、社会走协调发展、全面发展和可持续发展并与自然生态环境高度和谐统一的必经之路,更是全面贯彻、落实中共十七大精神,实践科学发展观的必然选择。

生态环境是人们生存和发展的基本条件,是经济社会发展的基础。随着嘉兴市经济社会的持续高速发展,长期以量的扩张为主的粗放型经济增长方式,使环境污染、生态恶化的压力不断加大。统筹城乡生态环境的健康发展,已越来越成为嘉兴市经济社会发展过程中迫切需要解决的一个问题。城乡生态环境建设和保护一体化对加快嘉兴市的社会主义现代化建设步伐,实现经济社会等各项事业的健康发展具有十分重要的意义。这些意义主要表现在:通过强化城乡生态环境一体化保护、建设,高度重视对城乡污染源的控制,特别是加快水污染防治的进程,净化城乡生态环境,最大限度地消除对经济社会发展产生影响的城乡生态环境制约因素;通过促进城乡经济结构、产业布局的调整和经济增长方式的转变,努力发展生态农业及其产业链的延伸,提升产业层次,增强经济的发展潜力,使嘉兴市的经济运行内在质量得到不断的提高;通过使传统的城乡污染梯度转移型向城乡生态环境互动互补型转化,农村化地区的发展不仅包括经济发展的独立过程,也包括经济发展过程中的环境治理和污染控制,更包含了经济生态化与生态经济化协调的社会进步;通过高度重视农村化地区的生态环境建设,城乡生态环境建设方面的政策、措施得到有机统一,强化农村生态环境对城市发展所具有的决定性作用,使之成为调节城乡生态的平衡领域;通过城乡生态环境和保护一体化建设,人们树立正确的经济、社会发展观,充分认识城乡生态环境的融合发展,是城乡一体化发展最重要的价值取向和理念。

4.4.2　统筹城乡生态环境的阶段与经验

1. 乡村工业化阶段

1998年到2002年,按国家"九五"评价体系,嘉兴市水环境质量总体上提高了一个类别,全市36个水体中,有3个水体恢复到Ⅲ类,Ⅳ类水体增加了5个,达到19个,Ⅴ类水体减少了2个,变为13个,劣Ⅴ类水体减少了6个,变为1个。大气环境保持良好,酸雨污染基本稳定,大气总悬浮颗粒、二氧化硫和二氧化氮浓度均有不同程度的下降。城镇噪声污染显著降低,其中市区的区域环境噪声和交通噪声分别为56.2分贝和67.8分贝,城市声功能区符合标准。工业固体废物综合利用率稳定在95%以上。在环境质量得到明显改善的同时,环保工作在许多方面进行了有益的探索,取得了新的成绩,尤其是在污染源长效管理、农业面源污染防治、市场融资治污和制度创新等方面,走在浙江省乃至全国的前列。

具体来说,主要有以下8个方面。

(1)全市工业污染源治理取得重大突破。5年间,嘉兴市出色地完成了关停"十五小"污染企业、限期淘汰落后的生产设备和工艺技术及"一控双达标"等任务,同时积极落实长效管理,发展高新技术产业,实现了所有工业污染源的达标排放,结构性的污染问题得到一定缓解,工业污染物排放总量得到有效控制,完成了浙江省下达的总量控制目标。

(2)全市环保基础设施建设初具规模。据统计,全市污水集中处理工程(含管网)已完成投资近14亿元,具备了43万吨/日的污水处理能力。

(3)环境综合整治工作不断拓展。河道整治积极推进,有效地改善了局部水域的水环境质量和环境形象。市区和各县(市)相继落实了一批市河整治工程,全市累计整治各级河道4699.8千米,清淤8773万立方米,修筑护岸 873 千米。全市各地先后开展了城镇污染源和烟尘污染、噪声污染、油烟污染整治,解决了一批污染热点问题,关停了一批燃煤锅炉,有效地改善了城镇的环境形象。截至 2002 年底,全市噪声达标区和烟尘控制区分别已达 72.6 平方千米和 140.6 平方千米,市区和各城镇的覆盖率分别达到 80％以上和 100％,与 1997 年相比,两者的面积分别增加了 5 倍和 2 倍。至 2002 年底,嘉兴市区如期实现了市政府提出的"用两年时间在市区基本解决餐饮业油烟污染问题"的工作目标,共整治饮食店 526 家。

(4)生态保护稳步推进,示范区建设全面铺开。2003 年,嘉兴市有 5 个县(市)被生态环境部批准为国家级生态示范区建设试点。平湖市、海宁市、桐乡市进行了两年多的建设,完成了一批生态环境保护建设项目,进展较好。全市有 4 个镇、25 个村被列为省市级生态示范区建设试点,其中 4 个村提交了市级生态村的验收申请。

(5)农业面源污染治理和农村环境整治。嘉兴市政府 2002 年下发了《嘉兴市农业农村面源污染治理工作实施方案》。各地以建立生态农业示范区、发展效益农业为突破口,调整农业结构,优化粮经比例,结合"放心菜"工程大力推广农业适用技术,规范种植及养殖方式和农药、化肥的使用,使种植业污染得到一定减轻。到 2002 年底,全市已制定了无公害稻米、无公害蔬菜技术标准 12 项,建立了总面积达 118.3 万亩的 167 个无公害农产品基地。各地积极开展畜禽粪便的污染治理,取得明显进展。全市建成有机肥厂 8 家,年产销量 2 万吨;建沼气池 1020 处,日处理猪粪 150 多吨,年产沼气 160 万立方米。各地还分别开展了农村生活垃圾收集、生活污水的处理和农村新能源开发利用试点,为农村环境综合整治工作树立了样板。

(6)环保能力建设取得阶段性成果。至 2002 年底,嘉兴市基本建成了 1 个市级和 5 个县级水污染源在线监控中心,有 40 家大中型企业安装了在线监测系统设备,并纳入监控中心实施 24 小时监控。启动了总投资近 500 万元的王江泾和斜路港桥两个国家级地表水质自动监测站建设工程。市区的两个大气自动监测站投运。

（7）江浙边界污染纠纷的处理出现较好态势。嘉兴—苏州和秀洲区—吴江市政府间建立了边界水污染防治联席会议、信息交流和渔业损失赔偿的协商等工作制度。

（8）环保执法、环保宣传教育工作得到加强，全民环境意识有了提高。5年间，全市共查处环境违法案件537件，罚款321.5万元，停产整顿企业达51家，关闭污染企业23家。同时，充分利用各种宣传媒体，强化环保宣传教育，多次掀起环保宣传高潮，增强了社会的环境意识。

2. 农村设施建设阶段

2003年到2006年，嘉兴市委、市政府作出了建设"生态市"的决定，组织实施了水环境综合整治和环境污染专项整治行动，分别成立了以党、政主要领导为组长的生态市建设领导小组和污染整治领导小组，将环境保护工作纳入党政领导班子的考核指标和经济社会发展的重大政策措施体系中，使环境保护工作得到全面加强、推进。据统计，这一阶段全市每年的环保投入稳定在当年GDP的2%以上，其中2003年至2005年共为66.7亿元，占同期GDP的2.23%。污染物排放总量得到较好控制，实现了总量控制目标。全市的环境质量总体保持稳定，局部区域有明显好转，其中大气环境质量和声环境质量保持在良好水平，水环境质量在连续遇到严重干旱和上游来水不断恶化的不利情况下，仍没有明显恶化，与2002年基本持平。

具体来说，主要有以下9个方面。

（1）生态型经济建设稳步推进。4年来，嘉兴市先后出台了环杭州湾先进制造业基地建设实施意见、《嘉兴市先进制造业基地建设重点领域关键技术及产品导向目录（2005—2007年）》、限期淘汰水泥机立窑和黏土制砖实施意见、贯彻节能法实施意见等一系列的政策措施，同时严格建设项目环境保护"三同时"制度和产业政策，落实总量控制审批原则，有效地控制了新污染源的产生和污染物排放量的上升。通过4年的努力，全市的产业得到提升，结构得到优化，资源综合利用率得到提高，累计有50家企业完成了清洁生产审计,其中有 5 家企业通过了强制性清洁生产审计验收。

(2)环保基础设施建设取得重大进展。嘉兴市加大财政投入、创新投资机制,将社会资金引入环保基础设施建设,有效地加快了建设进度,建成了一批环保基础设施工程,30 万吨/日的嘉兴市联合污水处理厂"集污处理排海"一期工程顺利投运。通过 4 年的努力,全市污水集中处理能力达 63 万吨/日,比 2002 年底时的 45 万吨/日增加了 40%;管网建设和污水入网同步推进,污水实际集中处理量达 45 万吨/日,比 2002 年底时的不足 25 万吨/日增加 80%,其中工业污水和城镇生活污水集中处理量分别为 34 万吨/日和 11 万吨/日,分别占环境统计口径的 78% 和 65%。垃圾无害处置水平得到提高,先后建成了处理垃圾 700 吨/日的步云垃圾焚烧发电厂和 400 吨/日的桐乡垃圾焚烧发电厂。自 2004 年起,逐步建立了全市医疗废物的外送无害化处置系统,实现了乡镇卫生院以上的全覆盖,有效地控制了医疗废物的污染。

(3)环境污染整治和环保监管执法力度显著强化。嘉兴市坚持"铁腕治污、露头就打",切实强化污染整治和环保执法监管,取得了显著的成效。市政府先后下发了《嘉兴市开展环境污染整治专项行动实施方案》《嘉兴市治理环境污染妥善处置相关群体性事件行动方案》,连续 4 年开展了整治违法排污企业、保障群众身体健康环保专项行动,通过努力,电镀、印染、造纸和废塑料制造业等行业的污染得到较好控制,重点污染企业的达标排放率显著提高,重点区域的污染问题得到了较好的缓解,确保了社会的稳定。这一阶段全市征收排污费 28687.93 万元,查处各类违法案件 2095 件,处罚 5059.21 万元,其中市局查处 303 件,处罚 1570 万元。有 308 家超标违法排污企业被限期治理,有 128 家污染企业(或生产线、加工作坊)被停产治理或被取缔、关闭。

(4)农业农村面源污染治理取得阶段性成果。全市以资源化、减量化和无害化的原则,加大投入,强化推动,加快了农业农村面源污染整治的进程,并取得阶段性治理成果,部分区域的农村环境质量得到明显改善。

在养猪污染治理方面,明确了南湖区新丰、凤桥等高密度养殖区的污染治理思路和具体办法。在养殖业排泄物治理方面,全市 50 头以上的养猪场除少数重点地区外,基本上都得到不同程度的治理。在农村生活垃圾污染整治方面,建立了"户集、村收、镇运、县处理"的工作机制,基本建成了农村生活垃圾集中收集系统。在种植业面源污染治理方面,农业适用技术得到进一步推广,通过配方施肥,化肥、农药的施用得到进一步控制。

（5）生态建设保护明显加强。全市先后制定了市、县二级的生态市、生态县（市）建设规划,建立了组织机构,并从平原绿化、地下水限采和禁采、河道整治和水土流失治理、太阳能等新能源建设及创建生态示范区和生态镇村等方面,全面推进生态环境建设和保护,完成了一批生态保护工程,生态环境建设保护明显加强。区（县、市）的国家级生态建设示范区试点于 2005 年全部通过生态环境部验收。生态镇、村建设全面铺开,全市有 58 个乡镇完成生态乡（镇）建设规划的编制,余新镇、大云镇和洲泉镇获得了生态环境部全国环境优美乡镇的命名,累计已建成省级生态镇 6 个。

（6）城市环境综合整治取得明显进展。全市普遍加大了城市环境综合整治的力度,显著改善了城市环境质量、环境形象。全市生活污水集中处理量达到 11 万吨/日,其中市区为 3.5 万吨/日,管网覆盖率达 70%;各地分别完成了一批市河整治工程,使水质稳中有升,污水下泄河道水质得到显著改善。嘉兴市于 2004 年如期实现了燃油助动车的淘汰。市区燃煤锅炉禁批范围随建成区范围同步扩大,完成了新一轮的烟控区、噪声达标区创建,覆盖率保持在 100%。进一步加大了餐饮业的环境管理,严格餐饮单位审批条件,其中市区经环保审批的餐饮单位油烟净化装置安装率达 100%,实施了市区"五小"行业专项整治,取缔了一大批无证、无照又不符合开办条件的小餐饮,使群众反映强烈的油烟污染问题得到明显减轻。加大了城市绿化力度,其中市区绿化覆盖率从 2003 年的 26.19% 增加到 2005 年的 28.9%。

（7）饮用水源保护得到进一步加强。各级党委、政府和环保等有关部门十分关注水源保护,加大了饮用水源保护的检查执法力度,开展了污染源整治、环境形象整治,基本完成了保护区内老污染源的搬迁,全面完成了规范化饮用水源保护区的创建,有效地控制了新污染源的产生,水源水质总体上保持稳定,确保了供水安全。

(8)江浙边界水质基本保持稳定。江浙边界污染纠纷处理是嘉兴市环境保护工作中的一项重要内容。通过加大王江泾与盛泽交界水域的污染纠纷处理力度,特别是通过每周一次的边界水质联合手工采样监测和两个水质自动监测站的投入使用,及时遏制污染反弹,加强了对边界水质的监控。

(9)环境法治建设和宣传不断加强,能力有所提高。2003年以来,嘉兴市结合污染防治和环境综合整治,出台了一系列的环境保护规范性文件,同时围绕行政许可法的贯彻实施,规范行政行为,清理规范性文件,完善办事制度,实施政务公开,开展环保审批制度改革,加强环保审批前置规定的组织实施,使环境保护工作的法治建设取得积极进展。加强环境宣传教育,先后开展了一系列的环境宣传教育活动,在着力加强媒体宣传的同时,重点开展群众性环境保护活动,努力营造公众参与的氛围和拓宽渠道,全社会的环保意识有了进一步提高。截至2006年底,全市建成省级以上绿色社区20个、绿色学校49个、绿色企业20家、绿色医院5家、绿色家庭20个、生态环境教育基地2个、绿色饭店9个。环保监控能力建设取得积极进展,全市先后启动了以水、大气环境质量和污染源自动监测、视频监控及信息交流为核心的全市环保监控系统和信息化平台建设,建成10个地表水自动监测站、8个大气质量自动监测站和1个市级、6个县级污染源在线监控中心,将167家企业纳入了监控网络,实现了全天候的数据自动监测和网络传输处理。基层环境监察能力也有了明显的加强。

3. 城乡统筹和城乡融合阶段(2008年至今)

(1)综合防治,努力改善区域环境质量。嘉兴市政府出台了《嘉兴市区大气污染控制三年整治工作实施方案》,明确了相关职能部门的职责,提出了切实可行的整治措施。一是建设水源地生态湿地工程,保证饮水安全,如在市本级石臼漾水厂取水保护区建设生态湿地,2009年建成并投入试运行。二是推广新技术,有效控制农业面源污染。积极推行测土配方施肥技术,建立健全测土配方施肥全程服务体系;实施"农药减量增效工程",大力推广使用高效、低毒、低残留农药和生物农药,加快推广使用新药械。三是严格执行海洋功能区划制度。进一步加强对海洋、海岸工程的环境影响评价和跟踪监督工作,防止工程建设项目污染损害海洋环境。

(2)突出创建,全面推进生态文明建设。2003年起,嘉兴市着力推进城乡生态环境整治,尤其关注平原地区农村的生态环境问题。在此过程中,市政府启动了"百村示范、千村整治"工程,重点实施"五化一配套"建设,逐步推动乡村环境的系统改善。从改善农村基础设施入手,围绕垃圾、污水、厕所等农村环境问题进行专项整治,旨在通过系统化的措施实现乡村环境的全面提升。在各阶段实施过程中,嘉兴市结合实际情况,不断优化整治方案,推动乡村环境逐步从"美丽乡村"向"全域秀美"迈进。例如,全面推进厕所革命、生活垃圾分类处理和污水治理,提升乡村生活品质,为农村环境的美丽蜕变奠定坚实基础,推动生态文明建设的全面提升,实现了从局部整治到全域覆盖的目标。

(3)创新制度,不断提高环境管理水平。嘉兴市被列为全国仅有的两个排污权交易试点地区之一。全市各地的排污权储备交易机构已全部挂牌成立,出台了管理办法、实施细则等规范性文件,建立了符合现阶段工作要求的排污权交易操作规程。环境保护飞行监测制度在全省得到推广,绿色信贷试点发挥了切实有效的作用,同时,嘉兴市还设计了排污权抵押贷款制度。在全市范围内综合运用法律、经济和行政手段,对环境污染违法行为实施环保、经贸、发改、科技、财政、金融等部门联合整治行动。同时实施在环保部门执法过程中推行环境违法案件定期公示、建立部门联系通报、加强企业环保行政处罚审核、严格企业信贷征信审核、加强环保"一票否决"等制度。

4.4.3 新时期下城乡生态环境建设研究

1. 新时期下城乡生态环境建设存在的问题

(1)生态建设主要问题。

①减排任务艰巨。

首先是金融危机对嘉兴市经济的影响仍在持续,企业资金短缺已影响到减排工程的按期投入。其次是减排项目资源锐减,嘉兴市开展减排工作三年来,可以减排的项目基本已经完成,后两年要从原有项目上开展减排工作难度较大。同时,环保部门对减排项目的认定要求过高,认定标准变化较快,致使减排项目最终认可率偏低。三是结构减排困难重重,纺织、制革、化工、造纸等传统行业仍是嘉兴市的主导行业,化学需氧量排放量绝对值较高。国家对二氧化硫结构减排项目只认可水泥、钢铁、有色金属、炼焦等行业,目前,嘉兴市没有后三个行业企业,而水泥机立窑也淘汰完毕,因此,结构减排项目方面已很难挖潜。

②区域环境问题的治理任务相当繁重。

在畜禽养殖污染整治方面,各县(市、区)的治理进度不平衡,秀洲区和海盐县今年上半年只完成了治理任务的13.28%和10.40%。省级以上开发区在污染源整治,特别是化工类企业废气、恶臭、噪声污染整治上任务仍很重,如整治效果不理想,厂群纠纷、矛盾得不到明显缓解,便很难通过验收。市区大气三年污染整治因天然气替代工程受到资金紧张的困扰,具体实施还有不小困难。机动车尾气的治理也同样受到资金、管理体制的影响,要有所成效还须付出很大的努力。

③跨界环境污染问题压力加大。

近年来,跨区域环境污染频频发生,多年来一直存在的杭州余杭区对海宁市上塘河的边界污染没有解决,现在又出现了平湖市受上海金山区水污染等区域环境污染的新问题。江苏拟建大型印染厂也对嘉兴市秀洲区、嘉善县的饮用水源构成潜在威胁。此外,在嘉兴市范围内也存在如海盐开发区与嘉兴港区这样的区域环境污染。

④饮用水安全保障程度不高。

目前嘉兴市虽然已逐步推行城乡供水一体化,但地表水厂水源地水质严重不合格,水源地保护存在重大隐患及深层地下水超采问题。相关监测结果显示,全市所有地表水水源地水质均为Ⅳ类和劣Ⅴ类,无法满足水源地水质要求,给自来水深度处理带来很大压力。此外,水源地管理工作也有待加强。

⑤由于历史、自然的原因,嘉兴市农村居住较为分散,生活污水收集处理设施规划建设相对滞后,成为影响地表水质的重要污染源。现有污水处理厂管网、泵站等配套不全,导致污水处理率偏低,污水厂出水不能长期稳定达标。农村生活污水处理率仅为7%,大量农村生活污水直排内河。虽然目前大多数村庄都已经开展了垃圾集中收集工作,但垃圾收集处理设施仍显不足,尤其是自然村垃圾收集尚未实现全覆盖,无害化处置设施和能力相对缺乏。因此造成农村环境问题日益突出。

⑥农村环境监管能力有待加强。

农村环境保护基础薄弱,环保机构人员严重匮乏。绝大部分乡镇还没有建立专门的环境保护机构,也没有配备专职环境保护工作人员。乡镇一级普遍没有开展环境质量监管监测工作,致使污染事故无人管、环保咨询无处问,农民的日常生产、生活行为缺乏必要的环保知识作指导,长效管理需要进一步加强。

(2)生态建设方面的要求和建议。

①要全力确保完成减排任务。

努力缓解新建供热机组带来的二氧化硫减排压力。全力督促企业做好在线联网和验收工作,确保能尽早形成新增削减量。大力推进农村分散型水污染物减排试点,要下发试点工作方案,组建试点工作机构。完成70%试点对象的减排工程实施方案,落实建设资金,启动农村分散型水污染物减排"统计、监测、监察"三大体系的构建工作。

②着力推进生态市建设。

充分发挥生态办组织协调职能,提出推进生态市建设工作的重点方向和工作措施，着力抓好生态省建设年度任务的全面落实。全面加快省级环保模范城市创建步伐，加大宣传力度。深入推进农村生态环境保护，完成全市农村环境保护规划编制和生态环境功能区规划编制。大力推进新一轮生态绿色系列创建工作。

③大力开展区域环境污染整治。

重点抓好以省级重点监管的畜禽养殖污染治理和省级以上开发区环境污染整治为主的区域环境污染整治工作。狠抓畜禽养殖业环保专项执法检查，会同农经部门加快对各地的"摘帽"验收；召开省级以上开发区（工业园区）环境整治工作推进会，报请"两办"开展现场督查。加强对秀洲区印染行业、喷水织机和平湖服装、箱包边角料污染整治等 3 个市级（准）重点监管问题的督查。

④下大力气强化环境执法监管。

狠抓"四个关键"，做好执法监管工作。一是狠抓关键内容，把重点区域、重点行业、违反建设项目环境影响评价制度和"三同时"制度的环境违法行为作为环境执法的重点，采取有效措施，强化执法手段，切实解决好群众反映强烈的环境污染问题。二是狠抓关键时段，把排污企业在节假日、夜间的超标排放作为防范重点，加大监测频次，做到早预防、早查处、早解决，确保环境安全。三是抓住关键方式，通过明察暗访、突击检查的方式，对重点排污企业、重点区域进行重点监管，加大监察力度，严厉查处各类环境违法行为，发现有严重超标排放的企业要重拳出击，一查到底。四是狠抓关键对象，把不能稳定达标排放或有偷排的企业列为现场检查、监管的重点对象，要采取定期检查与突击抽查相结合的方式，强化监管措施，监督企业治污设施正常运转，要提高处罚额度，切实解决违法成本低的问题，确保企业达标排放。

（5）加强环保部门自身建设，不断提升组织协调能力。

加强环保部门自身建设，切实履行环保部门职能，充分发挥好组织、指导、监督、协调和服务职能。重点是按照生态建设不断推进的要求，突出科学发展观落实、"三个转变"和环境质量改善，突出生态环境问题解决的考核,加强对生态建设的督查,进而促进制度创新、机制创新,促进生态建设相关政策的出台。充分发挥相关部门的政策指导与扶持、技术研究与服务指导优势,加强生态建设工作亮点和成果的宣传和推广。

2. 新时期下城乡生态环境建设对策研究

新时期背景下,城乡生态环境建设成为推动社会可持续发展和生态文明建设的重要课题。结合自身发展需求,通过优化城乡生态环境治理体系和加强区域联动,嘉兴市积极探索适合地方特色的城乡生态环境建设路径。

(1)强化生态环境治理统筹。

依托长三角生态绿色一体化发展示范区的深化建设,嘉兴市加强城乡生态环境治理的统筹协调,进一步推动区域间大气、水污染治理协作与资源共享,促进城乡生态保护的协同作战。同时,严格执行"三区三线"空间管控体系,重点推进京杭大运河、长水塘水系生态廊道建设,形成"一核九廊"蓝绿网络格局。此外,完善国土空间规划动态监测评估机制,强化规划实施的全周期管理,确保生态空间面积不减少、功能不降低。

(2)推动城乡一体化生态基础设施建设。

在城乡融合发展过程中,嘉兴市注重生态基础设施的建设与完善。嘉兴市实施"污水零直排"工程向农村面源污染治理延伸,有效提升了城乡生态环境基础设施建设水平。此外,借助现代化数字技术,进一步推动智能环保监控系统建设,依托大数据和云计算技术提升环境监管效率,为城乡生态环境治理提供智慧支持。

(3)绿色低碳发展与能源结构调整。

为应对气候变化和推动绿色低碳转型,嘉兴市强化绿色低碳经济建设,并在城乡一体化过程中推广低碳技术的应用。《嘉兴市生态文明建设规划(修编)(2019—2025 年)》明确提出大力发展绿色建筑,实施"减煤增气"战略,2025 年目标非化石能源占比提升至 24%;并推动既有建筑的节能改造,实现能效提升和资源节约。同时持续优化产业结构,助力产业生态化升级,在纺织、化工行业开展清洁生产标杆企业评选。

（4）乡村生态环境质量提升工程。

乡村振兴战略是城乡生态环境建设的重要组成部分。嘉兴市在推进乡村生态环境建设时,结合当地自然条件,实施花园式美丽乡村和宜居生态乡村建设,通过加强农村生态基础设施建设,提高乡村居民的生活质量。创新乡村环境治理模式不仅减少了农业面源污染,还推动了农村生态环境的自我修复与可持续发展。

（5）多元共治的社会参与机制。

进一步注重加强公众参与在生态环境保护中的作用,建立和完善公众参与机制,推动生态环保的社会化。特别是在垃圾分类和污染源治理方面,嘉兴市通过社区参与和社会监督,提升了环保工作透明度和公众参与度。此外,嘉兴市积极倡导社会化生态环保工作,鼓励各类社会组织和志愿者加入环境保护中,推动形成政府、企业与公众三方协同的生态环境保护格局。

（6）推动城乡生态环境融合发展。

随着城乡融合进程加深,嘉兴市大力推动城乡环境治理一体化,重点在基础设施建设、环境监测、污染防治等方面实现资源共享。例如,嘉兴市通过城乡环境基础设施的统筹规划,提升了全市范围内的生态环境治理水平。通过高效的治理模式和跨区域合作,嘉兴市的城乡生态环境质量持续提升,城乡差距逐渐缩小,进一步促进了城乡的共同发展。

（7）污染防治攻坚体系深化。

在大气污染治理方面,实施"五气共治"专项行动,重点管控工业源(挥发性有机化合物治理)、移动源(新能源车推广)及扬尘源污染,强化长三角区域大气污染联防联控。在水环境综合整治方面,推进"污水零直排"工程全覆盖,加强饮用水源地规范化整治与农业面源污染治理,开展工业园区雨污分流改造。在固体废物资源化利用方面,完善分类收运体系,建设静脉产业园区提升资源化利用率,推进"无废城市"建设。

（8）生态修复与生物多样性保护。

开展南湖、湘家荡等湿地生态修复工程,实施历史遗留矿山(如海盐南北湖矿区)边坡治理与植被重建工作,完成湿地与岸线修复。构建生物多样性监测网络,设立朱鹮等珍稀物种保护基地,通过生态廊道连接湿地、森林公园等节点,形成全域保护格局。

(9)跨区域协同与机制创新。

强化区域大气、水污染治理标准与数据共享,深化长三角联防联控,探索生态补偿机制。建设智慧环保平台,集成污染源在线监控、环境质量预警等功能,提升环境治理精细化水平。

城乡一体化是城乡联动发展的高级形式,在建设的过程中,要严格遵循《嘉兴市国土空间总体规划(2021—2035年)》等规划要求,精心组织、全面实施,成为各级政府和部门落实的实际行动。

5 结语

5.1 嘉兴市城乡融合发展探索的价值意义

嘉兴市在城乡融合发展方面的探索与实践具有深远且多维度的价值意义,对区域发展、城乡关系改善、社会公平推进、生态文明建设以及政策理论完善等诸多方面均产生了积极而重要的影响。

5.1.1 为全国城乡融合发展提供先行范例

嘉兴市在城乡融合发展进程中,凭借一系列开创性的举措和长期的实践探索,成为全国城乡融合发展的先行典范,其经验在多个方面为其他地区提供了极具价值的参考和借鉴。

1. 率先规划引领发展方向

早在 2004 年,嘉兴市就前瞻性地制定了《嘉兴市城乡一体化发展规划纲要》,这一创举使其成为全国首个开展此类规划的地级市。该纲要深入剖析了嘉兴市城乡发展的现状、问题与潜力,明确提出了城乡一体化发展的总体目标、基本原则和主要任务,涵盖了空间布局、产业发展、基础设施建设、公共服务均等化等多个关键领域,为嘉兴市城乡融合发展绘制了一幅清晰而全面的蓝图。这一规划纲要不仅为嘉兴市后续的城乡融合发展工作提供了坚实的理论指导和行动框架,也为其他地区在城乡一体化发展规划的制定上提供了重要的范例。其在规划理念、目标设定、任务规划以及实施路径等方面的创新做法,引发了全国范围内对城乡融合发展规划的高度关注和积极借鉴,推动了更多地区重视并开展城乡一体化规划工作,引领了全国城乡融合发展规划工作的新潮流。

2. 创新实践形成特色模式

嘉兴市在城乡融合发展过程中,不断创新实践,逐步形成了一套系统全面且独具特色的发展模式。在早期,通过实施"五个一工程",以县(市、区)为单位,集中力量建设一个中心镇、一个示范村、一个特色工业城、一个现代农业园区、一条现代农业产业带,有效整合了资源,推动了农村经济的发展和基础设施的改善,为城乡融合发展奠定了初步基础。

进入新阶段,嘉兴市推出了"两分两换""十改联动"等一系列创新举措,进一步深化城乡融合发展。"两分两换"即把宅基地与承包地分开、搬迁与土地流转分开,以宅基地换钱、换房、换地方,以土地承包经营权换股、换租、换保障,这一举措打破了城乡二元土地制度的束缚,促进了土地资源的优化配置和人口的合理流动。同时,"十改联动"涵盖土地、就业、社会保障、户籍制度、居住证制度、涉农体制、村镇建设管理、金融体系、公共服务、规划管理等十个方面的改革,形成了全方位、多层次的改革体系,有效推动了城乡在经济、社会、制度等各方面的协同发展,为解决城乡发展不平衡、不充分问题提供了切实可行的实践路径,成为其他地区学习和借鉴的典范模式。

3. 勇于探索提供多元借鉴

嘉兴市在城乡空间布局方面,构建了"1640＋300"网络型城乡空间布局体系,形成了一个以中心城区为主综合服务中心,各县(市)城区和滨海新区为副中心、以中心镇和一般建制镇为支撑的层次分明、功能互补的城市框架。这种创新的空间布局模式,实现了城市与乡村在空间上的有机融合和功能上的协同发展,为其他地区优化城乡空间结构提供了有益的参考。

在产业发展方面,嘉兴市积极推动城乡产业融合,大力发展农产品加工及流通业,引导农村工业向园区集中,培育特色产业集群,同时依托农村自然风光和民俗文化资源,发展生态旅游、乡村民宿等新业态,实现了农村一、二、三次产业的深度融合发展。这一产业发展模式为其他地区解决农村产业结构单一、城乡产业发展不协调等问题提供了丰富的经验和创新思路,启发各地根据自身资源禀赋和产业基础,探索适合本地的城乡产业协同发展路径。

此外,嘉兴市在土地制度改革、就业与社会保障体系建设、户籍制度改革等方面的探索也为全国提供了多元的借鉴样本。例如,嘉兴市在土地制度改革中,积极探索土地承包经营权流转、宅基地制度创新等,为解决农村土地利用效率低下、农民土地权益保障等问题提供了实践经验;在就业与社会保障体系建设方面,通过建立城乡一体的就业服务体系和社会保障制度,为促进城乡劳动力平等就业、保障居民基本生活权益提供了范例;在户籍制度改革方面,嘉兴市逐步放宽户籍限制,推进城乡户籍一体化管理,为消除城乡二元户籍制度壁垒提供了实践参考。嘉兴市在这些方面的勇于探索和成功实践,为全国城乡融合发展提供了全方位、多角度的借鉴,有助于推动各地在城乡融合发展进程中少走弯路,共同实现城乡一体化发展的目标。

嘉兴市通过“六大改革”牵引城乡融合发展的实践,为全国其他地区提供了可借鉴的经验。从规划管理到产业协同、从要素配置到公共服务均等化,嘉兴市的探索涵盖了城乡融合的多个关键领域,形成了系统性的解决方案。例如,通过优化市域空间布局、增强中心城区辐射力,嘉兴市不仅推动了城乡基础设施和公共服务的均等化,还通过产业协同和要素流动,实现了城乡经济的互动发展。这种全方位、多层次的融合模式,为其他地区提供了实践样本,有助于推动全国城乡融合发展进程。

5.1.2 推动城乡关系从分割走向融合

嘉兴市在城乡融合发展进程中,通过一系列创新性举措和系统性实践,成功打破了城乡二元结构的壁垒,实现了城乡关系从分割走向深度融合,在多个关键领域取得了显著成效,为构建新型城乡关系提供了典范。

1. 推动城乡共同富裕的实现

嘉兴市的城乡融合探索以共同富裕为目标,通过缩小城乡差距、优化资源配置、提高农村居民收入水平，为实现城乡共同富裕奠定了坚实基础。例如，嘉兴市通过"大农业"经营体系的构建，推动农业产业化、品牌化发展，不仅提升了农业附加值，还带动了农民增收。同时，通过"大就业"增收渠道的拓宽，嘉兴市进一步提升了农村劳动力在二、三次产业的就业质量，为城乡共同富裕提供了有力支撑。这种以共同富裕为导向的城乡融合模式，为其他地区提供了有益的借鉴，有助于推动全国城乡共同富裕目标的实现。

2. 促进城乡资源的高效配置

嘉兴市在城乡融合过程中，注重土地、人才、资金等要素的双向流动和高效配置。例如，通过"一块地"集成改革，嘉兴市实现了土地资源的精准配置和高效利用，推动了农村闲置土地的盘活和城镇土地的优化利用。同时，通过人才政策的优化，嘉兴市吸引了大量青年人才入乡创业，为乡村振兴注入了新的活力。这种城乡资源的高效配置模式，不仅提升了资源利用效率，还促进了城乡经济的协同发展，为其他地区提供了重要的启示。

3. 推动城乡社会治理现代化

嘉兴市通过完善"一中心四平台一张网"基层治理体系，构建了网格化管理、精细化服务、信息化支撑的城乡社会治理新模式。这种模式不仅提升了城乡社会治理的效率和精准度，还通过"三治融合＋"实践场景的丰富，推动了城乡社会治理的现代化。例如，通过"善治积分""民声一键办"等创新举措，嘉兴市实现了基层治理的精细化和智能化，为其他地区提供了有益的经验，有助于推动全国城乡社会治理现代化进程。

5.1.3 提升城市化质量，助力区域协同发展

嘉兴市在城乡融合发展进程中，以创新举措和科学规划为引领，在提升城市化质量方面取得了显著成效，同时积极推动区域协同发展，为地区经济社会的可持续发展注入了强大动力，其成功经验在多个层面展现出积极影响。

1. 构建科学合理的城市空间布局

嘉兴市精心打造了"1640+300"网络型城乡空间布局体系,以中心城区为核心,各县(市)城区和滨海新区为副中心,中心镇和一般建制镇为支撑,形成了层次分明、功能互补的城市框架。进一步在新时期调整为"1个区域中心城市+6个区域节点城市+34个特色城镇"三级市域城镇体系。这种布局模式不仅优化了城市资源配置,提高了城市的集聚辐射能力,还促进了城市与乡村之间的要素流动和协同发展。例如,中心城区凭借其强大的综合服务功能,吸引了高端产业和人才集聚,成为区域经济发展的核心引擎;各县(市)城区和滨海新区则根据自身特点,发展特色产业,形成了与中心城区错位发展的格局;中心镇和一般建制镇作为城乡连接的纽带,承接了城市产业转移,带动了农村经济发展,实现了城乡空间的有机融合和一体化发展,为提升城市化质量奠定了坚实的空间基础。

在城市内部,嘉兴市注重功能分区的合理性,加强了城市基础设施和公共服务设施的配套建设。通过科学规划商业区、住宅区、工业区等功能区域,提高了城市运行效率;同时,加大对交通、能源、供水、供电等基础设施的投入,完善教育、医疗、文化、体育等公共服务设施,提升了城市的承载能力和居民生活品质,进一步增强了城市的吸引力和竞争力。

2. 推动产业升级,促进城市经济发展

嘉兴市积极实施创新驱动发展战略,加快产业结构调整和优化升级。一方面,大力发展高新技术产业和战略性新兴产业,培育了一批具有核心竞争力的企业和产业集群。例如,在新能源、新材料、电子信息等领域,嘉兴市吸引了众多知名企业投资兴业,形成了完整的产业链条,推动了产业向高端化、智能化、绿色化方向发展,提高了城市经济的发展质量和效益。

另一方面,嘉兴市注重传统产业的改造升级,运用先进技术和管理理念,提升传统产业的生产效率和产品附加值。通过推动制造业与互联网、大数据、人工智能等深度融合,实现了传统制造业的数字化转型;同时,加强对传统服务业的创新升级,发展现代物流、金融服务、文化创意等高端服务业,优化了城市产业结构,增强了城市经济的活力和韧性,为城市化质量的提升提供了坚实的产业支撑。

3．加强区域合作,实现协同发展共赢

嘉兴市地处长三角核心区域,充分发挥自身区位优势,积极加强与周边城市的区域合作。在交通基础设施建设方面,与上海、杭州、苏州等城市紧密协作,共同推进高速公路、铁路、轨道交通等交通网络的互联互通,形成了便捷高效的区域交通体系。例如,沪嘉城际铁路、沪平城际铁路等项目的建设,进一步缩短了嘉兴与上海之间的时空距离,加强了区域间的人流、物流、信息流的快速流动,促进了区域经济一体化发展。

在产业协同发展方面,嘉兴市与周边城市开展产业对接与合作,实现优势互补、资源共享。积极融入长三角产业分工体系,承接上海等地的产业转移,同时加强与周边城市在科技创新、人才培养、市场开拓等方面的合作交流,共同打造区域产业创新高地。此外,嘉兴市还在生态环境保护、公共服务共享等领域与周边城市加强合作,共同应对区域发展中的共性问题,实现了区域协同发展的共赢局面,提升了区域整体竞争力。

4．注重生态环境保护,营造宜居城市环境

嘉兴市在城市化进程中始终坚持生态优先理念,将生态环境保护贯穿城市规划、建设和管理的全过程。通过加强对湿地、森林、河流等生态资源的保护和修复,构建了完善的生态系统。例如,嘉兴市积极推进湿地公园、生态廊道等生态项目建设,增加城市绿地面积,改善城市生态环境质量,提高了城市的生态承载能力。

同时,嘉兴市大力发展绿色产业和循环经济,推动产业发展与生态环境保护协调共进。严格控制高污染、高能耗产业的发展,鼓励企业采用节能环保技术和设备,实现节能减排目标。加强城市环境治理,提高污水处理率、垃圾无害化处理率等环境指标,打造了空气清新、水质优良、环境优美的宜居城市环境,提升了城市的吸引力和居民的生活满意度,为城市化质量的提升增添了生态魅力。

5．推进智慧城市建设,提升城市治理水平

嘉兴市积极拥抱数字化时代,大力推进智慧城市建设。通过整合城

市各类信息资源,构建了统一的城市大数据平台,实现了城市管理的数字化、智能化和精细化。在交通管理方面,利用智能交通系统,实时监测交通流量,优化交通信号灯设置,缓解城市交通拥堵问题;在公共服务领域,推广智慧政务、智慧医疗、智慧教育等应用,提高了公共服务的便捷性和效率,让居民享受到更加高效、优质的公共服务。

此外,嘉兴市还加强智慧城市安全保障体系建设,确保城市信息安全和稳定运行。智慧城市建设的推进,不仅提升了城市治理水平和运行效率,也为城市居民提供了更加智能、便捷的生活方式,进一步提升了城市化质量,推动了城市的可持续发展。

5.1.4 促进社会公平,增进民生福祉

嘉兴市在城乡融合发展进程中,始终将促进社会公平、增进民生福祉作为核心目标,通过一系列全方位而深入的举措,在多个关键领域取得了显著成效,切实保障了城乡居民的权益,提升了居民的生活质量和幸福感。

1. 就业与社会保障体系一体化,构建公平保障网

嘉兴市致力于构建城乡一体的就业服务体系,积极打破城乡劳动力市场的分割局面。一方面,加强城乡就业信息平台建设,实现就业信息的互联互通和实时共享,使农村劳动力能够及时获取城市的就业岗位信息,拓宽就业渠道。例如,通过建立覆盖全市的人力资源市场信息网络,将就业信息延伸到农村社区,为农村劳动力提供了与城市居民同等的就业机会获取渠道。

另一方面,加大对农村劳动力的职业技能培训力度,根据市场需求和农村劳动力特点,定制个性化的培训课程,提高农村劳动力的就业竞争力。同时,实施积极的就业政策,对吸纳农村劳动力就业的企业给予税收优惠、财政补贴等支持,鼓励企业创造更多适合农村劳动力的就业岗位。在社会保障方面,嘉兴市不断完善城乡统一的社会保障制度,逐步提高社会保障待遇水平,实现养老保险、医疗保险、失业保险、工伤保险和生育保

险的城乡全覆盖。通过合理调整社保缴费标准和待遇水平,确保城乡居民在社会保障方面享有平等的权益,使农村居民在养老、医疗、失业等方面得到切实保障,有效减轻了居民的生活负担,提升了居民的生活安全感。

2. 教育公平化推动,城乡人才培养均衡发展

嘉兴市高度重视教育公平,大力推进城乡教育一体化发展。加大对农村教育的投入力度,在教育基础设施建设方面向农村倾斜,改善农村学校的办学条件。例如,新建和改造农村学校的教学楼、实验室、图书馆等教学设施,配备先进的教学设备,使农村学校与城市学校在硬件设施建设方面逐步缩小差距。

加强城乡教师队伍建设,通过实施城乡教师交流制度,选派优秀教师到农村支教,同时组织农村教师到城市学校跟岗学习,提高农村教师的教学水平和业务能力。此外,积极推进教育资源共享,利用互联网技术开展远程教学、在线教研等活动,使农村学生能够同步享受到城市优质的教育资源。在教育公平化的推动下,农村学生的受教育质量得到显著提升,为城乡人才培养的均衡发展奠定了坚实基础,确保每个孩子都能享有公平而有质量的教育机会,打破城乡教育二元结构对人才培养的限制。

3. 均衡配置医疗卫生资源,提升全民健康水平

嘉兴市着力优化医疗卫生资源配置,推动城乡医疗卫生服务均等化。加大对农村医疗卫生机构的投入,完善农村医疗卫生服务网络,提高农村医疗卫生机构的服务能力。例如,加强乡镇卫生院和村卫生室的标准化建设,配备先进的医疗设备和专业的医护人员,使农村居民能够在家门口享受到便捷、优质的基本医疗服务。

建立城乡医疗卫生人才双向流动机制,鼓励城市医疗卫生人才到农村服务,同时为农村医疗卫生人员提供更多的进修学习机会,提升农村医疗卫生队伍整体素质。此外,推进医疗保障制度整合,实现城乡居民医疗保险制度的统一,提高农村居民医疗保障报销比例和范围,降低农村居民医疗负担。通过医疗卫生资源的均衡配置,有效提升了农村居民的健康

水平,缩小了城乡居民在健康服务获取方面的差距,确保城乡居民在医疗卫生领域享有公平的待遇,促进了全民健康水平的提升。

4. 完善住房保障体系,助力居民安居乐业

嘉兴市积极完善住房保障体系,关注城乡居民的住房需求,特别是中低收入群体的住房困难问题。加大保障性住房建设力度,在城市和农村融合规划建设廉租住房、公共租赁住房、经济适用住房等保障性住房项目,为符合条件的居民提供住房保障。例如,在城市中,通过集中建设保障性住房小区,为城市中低收入家庭提供稳定的居住场所;在农村,结合新农村建设和农房改造集聚工程,改善农村居民的住房条件,提升农村居住环境质量。

同时,制定合理的住房保障政策,明确保障对象、保障标准和申请流程,确保住房保障资源公平分配。加强对保障性住房的管理和监督,建立健全退出机制,提高住房保障资源的使用效率。住房保障体系的完善,使城乡居民的住房条件得到有效改善,为居民安居乐业提供了坚实的物质基础,促进了社会的稳定和谐。

5. 健全社会救助与福利体系,保障弱势群体权益

嘉兴市建立健全了覆盖城乡的社会救助与福利体系,加大对弱势群体的救助力度。完善最低生活保障制度,根据城乡居民生活成本和物价水平,合理确定低保标准,并实现动态调整,确保低保对象的基本生活需求得到满足。同时,拓展社会救助领域,加强对特困人员、残疾人、重病患者等特殊困难群体的专项救助,如医疗救助、教育救助、住房救助等,形成了多层次、全方位的社会救助体系。

积极发展社会福利事业,提高社会福利水平。鼓励社会力量参与社会救助和福利事业,通过政府购买服务、慈善捐赠等方式,丰富救助和福利服务供给渠道。此外,加强对社会救助与福利资金的管理和监督,确保资金使用安全、规范、高效。社会救助与福利体系的健全,为弱势群体提供了兜底保障,体现了社会公平正义,使城乡困难群众能够共享社会发展成果,感受到社会的温暖和关怀。

5.1.5　引领生态文明建设,实现可持续发展

嘉兴市在城乡融合发展进程中,始终秉持绿色发展理念,将生态文明建设深度融入城乡发展的各个环节,通过一系列创新举措和持续努力,在生态环境保护与可持续发展方面取得了卓越成就,为地区乃至全国树立了典范。

1. 生态规划一体化,打造绿色城乡格局

嘉兴市精心编制了全域性的生态规划体系,将城市与乡村作为一个有机整体进行融合考虑。在规划中,充分结合嘉兴的自然地理特征,如河网水系、湿地资源等,合理布局生态空间。例如,围绕城市功能组团之间规划建设生态隔离带,利用农田、河流及森林绿化等生态要素,构建田园式网络型城市空间结构,形成了城乡融合的绿色开敞空间与生态体系。这种生态规划一体化的模式,不仅有效保护了自然生态环境,还提升了城乡生态系统的连通性和稳定性,使城市与乡村在生态空间上相互交融、相得益彰,为打造绿色城乡格局奠定了坚实基础。

同时,嘉兴市严格遵循生态规划要求,加强对城乡建设项目的生态审查和监管。在项目审批过程中,将生态环保指标作为重要考量因素,确保建设项目符合生态规划布局和环保要求。通过严格的规划管控,避免了盲目开发和无序建设对生态环境的破坏,引导城乡建设朝着绿色、可持续的方向发展,实现了生态保护与城乡建设的协同共进。

2. 污染防治协同化,守护蓝天、碧水、净土

在大气污染防治方面,嘉兴市建立了区域协同治理机制,加强与周边城市的合作交流,共同应对区域性大气污染问题。通过联合开展工业废气治理、机动车尾气排放管控、扬尘污染防治等工作,有效减少了大气污染物的排放。例如,与周边城市共同推进能源结构调整,加大对清洁能源的开发利用力度,逐步淘汰落后产能,降低工业废气排放量;同时,加强区域内机动车尾气排放检测和治理,推广新能源汽车,优化交通管理措施,减少机动车尾气污染。通过区域协同治理,嘉兴市空气质量得到显著改

善,蓝天白云成为常态,为居民创造了清新宜人的空气环境。

在水污染防治方面,嘉兴市全面加强水环境治理与保护。一方面,加大对工业废水、城镇生活污水的治理力度,加快污水处理设施建设和提标改造,提高污水收集处理率和排放标准。例如,推进污水处理厂的扩建和升级改造工程,完善污水管网系统,确保污水全收集、全处理;同时,加强对工业企业的监管,严格执行废水排放标准,严厉打击违法排污行为。另一方面,高度重视农业面源污染防治,通过推广生态农业技术、加强畜禽养殖污染治理、控制农业化学品使用等措施,减少农业生产对水体的污染。此外,嘉兴市积极开展河道综合整治工程,加强河道清淤、生态修复和河岸绿化,提升水体自净能力,守护了一方碧水清流。在土壤污染防治方面,嘉兴市加强土壤污染监测和风险管控,建立土壤污染防治长效机制。开展土壤污染状况详查,掌握土壤环境质量状况,对污染地块进行分类管理和修复治理。同时,加强农业用地土壤保护,推广测土配方施肥、病虫害绿色防控等技术,减少土壤污染来源,确保土壤安全利用,守护净土根基。

3. 生态产业发展绿色化,推动经济生态双赢

嘉兴市积极推动产业结构调整,大力发展绿色生态产业。在农业领域,加快推进农业现代化转型,培育发展生态农业、循环农业、观光农业等新型农业业态。例如,鼓励农民采用生态种植和养殖的模式,减少化肥、农药使用量,推广有机肥料和生物防治技术,实现农业生产的绿色化、可持续发展;同时,依托农村自然风光和民俗文化资源,发展乡村旅游、休闲农业等产业,将农业与旅游、文化等产业深度融合,拓展农业产业功能,增加农民收入。

在工业领域,嘉兴市坚定不移地走新型工业化道路,推动工业企业绿色发展。加强对传统工业企业的技术改造和节能减排,引导企业采用先进的清洁生产技术和工艺,降低能源消耗和污染物排放。例如,通过实施清洁生产审核、节能技术改造等项目,推动企业提高资源利用效率,减少废弃物产生;同时,积极培育和发展节能环保、新能源、新材料等战略性新

兴产业，打造绿色产业集群，提升工业产业的绿色竞争力，实现经济发展与生态保护的良性互动，推动经济与生态双赢。

4. 生态文化培育全民化，营造绿色发展氛围

嘉兴市注重生态文化的培育和传播，将生态环保理念融入社会教育体系。通过开展形式多样的生态环保教育活动，如环保知识讲座、主题班会、社会实践等，培养学生的生态环保意识和责任感，使生态环保理念深入人心。例如，在学校开设生态环保课程，组织学生参与环保志愿者活动，让学生在实践中感受生态环保的重要性；同时，利用社区宣传阵地，开展环保宣传活动，提高居民的环保意识和参与度，营造全社会共同关注和参与生态文明建设的良好氛围。

嘉兴市积极弘扬地方生态文化特色，挖掘和保护与水乡文化相关的建筑、古迹、文物和民俗等文化遗产，将生态文化与地方传统文化有机结合。通过举办生态文化节、民俗文化活动等，展示嘉兴市的生态文化魅力，增强居民对本土生态文化的认同感和自豪感，激发居民保护生态环境的内生动力。此外，鼓励和引导企业、社会组织等积极参与生态文化建设，开展绿色创建活动，如绿色企业、绿色社区、绿色学校等创建，形成全社会共同践行绿色发展理念的良好风尚。

5. 生态制度创新系统化，保障生态文明建设

嘉兴市不断加强生态制度创新，建立健全了一系列生态文明建设制度体系。在生态环境保护方面，完善了环境监管制度，加强环境执法力度，建立健全环境监测网络，实现对环境质量和污染源的实时监测和动态监管。例如，实行环境执法网格化管理，加强对企业环境违法行为的日常巡查和监管，严厉打击环境违法行为；同时，建立健全环境信用评价制度，将企业环境信用信息纳入社会信用体系，对环境违法企业实施联合惩戒，促使企业自觉履行环保责任。

在资源管理方面，嘉兴市探索建立了资源有偿使用制度和生态补偿机制。通过对自然资源的合理定价和有偿使用，提高资源利用效率，促进资源的优化配置；同时，建立生态补偿机制，对生态保护地区给予经济补偿，激励

其加强生态环境保护。例如,对水源保护区、生态公益林等生态功能区实施
生态补偿,保障生态保护地区的合理利益,调动其保护生态环境的积极性。
此外,嘉兴市还积极推进排污权交易制度、绿色金融制度等创新机制,引导
社会资本投入生态文明建设领域,为生态文明建设提供了有力的制度保障
和资金支持,确保生态文明建设工作的持续推进和长效发展。

5.2 嘉兴市城乡融合探索的政策启示

5.2.1 强化顶层设计与融合规划

1. 高瞻远瞩制定整体战略框架

全面评估与精准定位:各地在启动城乡融合发展工作前,应深入开展
全面的城乡现状评估,包括经济发展水平、社会结构、资源禀赋、生态环境
状况等多方面的详细调研。通过精准分析本地城乡发展的优势、劣势、机
遇和挑战,明确城乡融合发展的战略定位,为后续规划制定提供科学依
据。例如,对于具有丰富历史文化资源的地区,可定位为文化旅游驱动型
的城乡融合发展模式;对于工业基础较好的地区,则可朝着产业协同升级
的方向进行战略规划。

确立长远目标与阶段性任务:结合本地实际情况,制定具有前瞻性的
城乡融合发展长远目标,如实现城乡居民收入均衡化、公共服务均等化、
生态环境一体化等。同时,将长远目标细化为具体的阶段性任务,明确每
个阶段的工作重点和关键指标,确保发展进程有条不紊。例如,短期着重
推进农村基础设施改善,中期聚焦产业融合发展,长期致力于实现城乡全
面融合的高质量发展格局。

2. 精心编制城乡融合相关规划

构建多规融合的规划体系:借鉴嘉兴市经验,推动城乡规划与国民经
济和社会发展规划、土地利用规划、生态环境保护规划等多规融合。确保
各项规划在目标、任务、空间布局等方面相互衔接、协调一致,形成一个有

机整体。例如，在空间布局规划中，充分考虑土地利用的合理性和生态环境保护的要求，使城乡建设与产业发展、生态空间相得益彰。

强化规划的科学性与民主性：运用先进的科学技术手段，如地理信息系统、大数据分析等，提高规划编制的科学性和精准性。同时，广泛征求社会各界意见，包括农民、企业、专家学者、社会组织等的建议，使规划充分反映民意。可以通过召开听证会、网上征求意见、实地调研走访等多种形式，让城乡居民真正参与规划制定过程，增强规划的可行性和认可度。

3. 建立健全融合协调与监督评估机制

成立权威高效的融合协调机构：组建由地方政府主要领导牵头，各相关部门负责人参与的城乡融合发展领导小组或委员会。明确各部门职责分工，建立常态化的沟通协调机制，定期召开联席会议，及时解决城乡融合发展过程中遇到的政策冲突、资源分配不均等问题。例如，在推进基础设施建设时，协调交通、水利、电力等部门共同规划、协同施工，避免重复建设和资源浪费。

完善监督评估体系与动态调整机制：建立严格的城乡融合发展监督评估机制，制定科学合理的评估指标体系，涵盖经济发展、社会民生、生态环境等多个维度。定期对城乡融合发展规划的实施情况进行全面评估，根据评估结果及时调整政策措施和规划内容。对于实施效果良好的项目和政策给予持续支持和推广，对存在问题的项目及时进行整改优化，确保城乡融合发展始终朝着预定目标前进。同时，引入第三方评估机构，保证评估的客观性和公正性。例如，每年对城乡公共服务均等化程度进行评估，根据评估数据调整资源配置和政策导向，不断提升公共服务水平。

4. 强化政策协同与系统集成

嘉兴市在城乡融合的实践过程中，清晰地展示了城乡融合发展需要依赖系统性、协同性的政策支持。各个地区应当重视城乡融合发展的顶层设计，加强政策之间的协同作用，从而形成有效的政策合力。以嘉兴市为例，该市通过实施"六大改革"来引领城乡融合发展，这些改革措施涉及规划、产业发展、要素流动、公共服务等多个关键领域，构建了一个全面而系统的政策框架。这种政策协同与系统集成的模式,为其他地区提供了宝贵的参考和借鉴,有助于推动城乡融合发展的政策落实和目标实现,进而促进整个社会的和谐与进步。

5.2.2 推进制度创新与改革突破

1. 深化土地制度改革,释放土地要素活力

完善土地产权制度体系:进一步明晰农村土地产权归属,在确保土地集体所有权不变的前提下,强化农民对承包地和宅基地的用益物权。探索建立农村土地产权交易平台,规范土地流转交易行为,保障土地流转双方的合法权益。例如,通过颁发具有法律效力的土地承包经营权证书和宅基地使用权证书,明确土地权益范围,为土地流转和抵押融资等提供坚实的产权基础。

创新土地利用与管理模式:推行农村土地综合整治,整合碎片化土地资源,实现土地的规模化经营和高效利用。鼓励开展城乡建设用地增减挂钩试点,在保障耕地总量不减少的前提下,优化城乡建设用地布局。同时,建立土地节约集约利用激励机制,对节约集约用地的企业和个人给予奖励,如税收优惠、土地指标奖励等,提高土地利用效率。

2. 创新户籍制度改革,打破城乡二元壁垒

推进户籍一元化管理:全面取消城乡二元户籍划分,建立统一的居民户口登记制度,消除户籍身份歧视。简化户籍迁移手续,放宽落户条件,特别是针对在城市稳定就业和居住的农村人口,提供便捷的落户通道,促进人口自由流动。例如,根据城市承载能力和发展需求,设定合理的落户积分制,将学历、技能、社保缴纳年限、稳定住所等因素纳入积分体系,吸引农村人口有序落户城市。

保障户籍背后权益平等:建立与户籍制度改革相配套的公共服务和社会保障体系,确保新落户居民在就业、教育、医疗、住房等方面享有与原城镇居民同等的权益。加大对农村转移人口的职业培训力度,提高其就业技能和竞争力,促进其在城市稳定就业。同时,合理规划城市教育、医

疗资源布局,满足新落户居民的公共服务需求,实现城乡居民基本公共服务全覆盖和均等化。

3. 完善社会保障制度,织密民生保障网络

构建多层次社保体系:在完善基本养老保险、医疗保险、失业保险、工伤保险和生育保险等基本社会保险制度的基础上,积极发展补充性社会保险和商业保险,构建多层次、全方位的社会保障体系。鼓励企业和个人参与企业年金、职业年金、商业健康保险等,提高社会保障水平和保障能力。例如,政府通过税收优惠等政策措施,引导企业建立企业年金制度,为员工提供更丰富的养老保障选择。

实现社保制度可持续发展:建立社会保障待遇调整机制,根据经济发展水平、物价指数、财政收支等因素,合理调整社会保障待遇标准,确保社会保障待遇水平与经济社会发展相适应。加强社会保障基金管理,拓宽基金筹集渠道,提高基金运营效率和保值增值能力。例如,探索社保基金投资多元化渠道,如参与基础设施建设投资、股票市场投资等,在确保基金安全的前提下,实现基金的稳健增值,为社会保障制度的可持续发展提供坚实的资金保障。

4. 加强制度创新协同,形成改革合力

推动制度改革协同共进:土地制度、户籍制度、社会保障制度等改革相互关联、相互影响,必须加强制度创新的协同性。在推进户籍制度改革的同时,同步推进土地制度改革和社会保障制度改革,确保农村人口在落户城市后,其土地权益得到妥善处置,社会保障无缝衔接。例如,在实施农村土地流转过程中,为流转土地的农民提供相应的社会保障和就业培训,解决其后顾之忧,促进土地流转顺利进行。

建立改革试点与经验推广机制:选择有条件的地区开展制度创新综合试点,先行先试,积累经验。对试点地区在土地、户籍、社保等制度改革方面的成功经验和做法进行总结提炼,形成可复制、可推广的模式,在更大范围内推广应用。同时,加强对试点地区的政策支持和指导,及时解决试点过程中遇到的问题,确保试点工作顺利推进。例如,在部分经济发达

地区率先开展城乡融合发展制度创新试点,探索建立城乡统一的要素市场、公共服务体系等,待试点成熟后,向其他地区推广经验,带动区域城乡融合发展水平整体提升。

5.2.3 促进产业协同与融合发展

1. 推动城乡产业深度互动,构建协同发展格局

强化产业规划引领:各地应立足区域整体发展战略,制定城乡产业协同发展规划,明确城乡产业发展定位与布局。充分考虑城市与农村在资源禀赋、产业基础、市场需求等方面的差异,引导城市产业向农村有序转移和延伸,形成城乡产业优势互补、协同共进的发展模式。例如,在规划中明确城市以发展高端制造业、现代服务业为主,农村则侧重承接劳动密集型产业、农产品加工业,以及依托农村特色资源发展的乡村旅游、农村电商等产业,实现城乡产业错位发展。

搭建产业协同平台:建立城乡产业合作园区、产业联盟等平台,促进城市企业与农村合作社、农户之间的紧密合作。通过平台整合城乡产业资源,实现信息共享、技术交流、人才流动等,推动城乡产业链上下游企业之间的协同创新与发展。例如,打造集农产品种植、加工、销售于一体的现代农业产业园区,吸引城市食品加工企业入驻,与周边农村的种植户、合作社建立长期稳定的合作关系,共同打造农产品品牌,提高农产品附加值,拓展市场渠道。

2. 培育农村特色产业,激发农村发展内生动力

挖掘农村资源优势:深入挖掘农村独特的自然资源、文化资源、生态环境等优势,因地制宜发展特色产业。如拥有自然风光优势的地区可发展生态旅游、休闲度假产业;具有历史文化底蕴的乡村可开发文化创意产业、传统手工艺产业;农产品资源丰富的地区则可围绕农产品种植、养殖、加工等环节,发展特色农产品产业链,提高农村产业的竞争力和可持续发展能力。

加强特色产业扶持:政府应加大对农村特色产业的扶持力度,在政

策、资金、技术、人才等方面给予倾斜。出台专项扶持政策，设立特色产业发展专项资金，用于支持农村特色产业项目建设、技术研发、品牌培育等。同时，加强农村特色产业技术创新和人才培养，通过与科研院校合作、开展技术培训等方式，提高农村特色产业的科技含量和从业人员素质。例如，针对农村电商产业发展，政府提供免费的电商培训课程，建设农村电商服务中心，帮助农民掌握电商运营技能，拓宽农产品销售渠道。

3. 推动农村一、二、三次产业融合，拓展产业发展空间

发展农业多功能性：充分发挥农业在生态涵养、休闲观光、文化传承等方面的多功能价值，拓展农业产业链条。鼓励发展休闲农业、乡村旅游、农耕文化体验等新业态，将农业生产与旅游、教育、文化等产业深度融合，创造更多的产业增值空间。例如，举办农事体验活动、民俗文化节庆活动，吸引城市居民到农村消费，增加农民收入来源。

培育农村新型经营主体：扶持培育一批专业大户、家庭农场、农民合作社、农业产业化龙头企业等新型经营主体，发挥其在农村一、二、三次产业融合发展中的引领带动作用。新型经营主体通过整合农村土地、劳动力、资金等生产要素，开展规模化、集约化经营，推动农业生产、加工、销售一体化发展，提高农业产业整体效益。例如，农业产业化龙头企业通过与农户签订订单种植合同，建立农产品生产基地，对农产品进行深加工，打造品牌产品，实现农产品从田间到餐桌的全产业链发展。

4. 加强产业创新驱动，提升产业发展质量和效益

推动产业技术创新：鼓励城市科研机构、高校与农村企业开展产学研合作，加大对农村产业技术研发的投入，突破农村产业发展的关键技术瓶颈。围绕农村特色产业发展需求，研发推广新品种、新技术、新工艺，提高农村产业的科技含量和附加值。例如，在农业领域，研发适合当地土壤和气候条件的优良品种，推广精准农业技术、绿色防控技术等，提高农业生产效率和农产品质量安全水平。

创新产业发展模式：积极探索"互联网＋"、共享经济、智能制造等新兴产业发展模式在农村的应用，推动农村产业创新发展。例如，利用互联

网平台开展农产品电商直播带货,拓宽农产品销售渠道;发展共享农庄,将闲置农房、土地等资源进行整合,实现资源的优化配置和高效利用;推动农村制造业企业开展智能化改造,提高生产效率和产品质量。通过产业创新驱动,提升农村产业的发展质量和效益,促进农村经济可持续发展。

5.2.4 加强基础设施与公共服务均等化建设

嘉兴市通过完善"一中心四平台一张网"基层治理体系,推动了城乡社会治理的现代化。各地应加强基层治理创新,构建网格化管理、精细化服务、信息化支撑的社会治理新模式。例如,嘉兴市通过"善治积分""民声一键办"等创新举措,实现了基层治理的精细化和智能化。这种创新社会治理模式,为其他地区提供了重要的启示,有助于推动城乡社会治理现代化进程。

1. 加大基础设施投入力度,夯实城乡发展基础

多元化投融资机制建设:建立以政府投入为主导、社会资本广泛参与的多元化投融资机制。政府应加大财政资金对农村基础设施建设的支持力度,确保财政支出向农村倾斜。同时,积极创新投融资方式,通过发行地方政府债券、设立基础设施建设专项基金、采用PPP模式(公私合营模式)等,吸引社会资本投入农村交通、水利、能源、通信等基础设施领域。例如,在农村公路建设中,政府与社会资本合作,由企业负责公路建设、运营和维护,政府给予一定的政策支持和财政补贴,既减轻了政府财政压力,又提高了基础设施建设和运营效率。

精准规划与项目实施:根据农村实际需求和发展特点,制定科学合理的基础设施建设规划,避免盲目建设和资源浪费。在项目实施过程中,注重项目的可行性研究和前期论证,确保项目符合农村发展的长远利益。例如,在农村水利设施建设中,充分考虑当地水资源分布、农田灌溉需求、防洪排涝要求等因素,因地制宜建设小型水库、灌溉渠道、泵站等水利设施,提高水利设施的实用性和效益。

2. 优化公共服务资源配置,提升公共服务水平

资源向农村倾斜:调整公共服务资源分配格局,加大对农村教育、医疗、文化等公共服务设施建设的投入,逐步缩小城乡公共服务差距。在教育方面,加强农村学校师资队伍建设,通过提高农村教师待遇、提供教师培训机会、实施城乡教师交流制度等措施,吸引优秀教师到农村任教,提高农村教育教学质量。在医疗方面,加大对农村医疗卫生机构的投入,改善医疗设备条件,加强农村医疗卫生人才培养,建立城市医院与农村医疗卫生机构对口帮扶机制,提升农村医疗服务水平。

推进公共服务标准化建设:制定城乡统一的公共服务标准体系,明确公共服务的内容、质量、服务流程和管理规范等,确保城乡居民享受均等化的公共服务。例如,在教育领域,制定统一的学校建设标准、师资配备标准、课程设置标准等,使农村学生能够享受与城市学生同等质量的教育资源。在医疗卫生领域,统一城乡居民基本医疗保险报销目录、报销比例、医疗服务价格等标准,保障城乡居民公平享有基本医疗服务。

3. 加强基础设施与公共服务的管理与维护,确保可持续运行

建立长效管理机制:制定完善的基础设施和公共服务设施管理维护制度,明确管理责任主体,落实管理经费来源。加强对基础设施和公共服务设施的日常巡查、维护和保养,及时修复损坏设施,确保其正常运行。例如,在农村公路管理方面,建立县、乡、村三级公路管理养护体系,明确各级政府和相关部门的管理职责,安排专项养护资金,确保农村公路"有路必养、养必到位"。

引入市场化运营模式:对于部分可市场化运营的基础设施和公共服务项目,如农村供水、污水处理、垃圾处理等,引入市场竞争机制,通过特许经营、委托经营等方式,吸引专业企业参与运营管理,提高运营效率和服务质量。同时,加强政府监管,确保企业按照合同约定提供优质服务,保障公众利益。例如,在农村污水处理项目中,政府将污水处理设施的建设和运营权通过招标方式授予有资质的企业,企业负责污水处理设施的日常运营、维护和管理,政府对企业的运营情况进行监督考核,根据污水

处理效果和服务质量支付费用。

4. 推动城乡基础设施与公共服务共建共享,提高资源利用效率

加强城乡互联互通:融合规划城乡基础设施和公共服务设施布局,推动城市基础设施向农村延伸,实现城乡基础设施的互联互通。例如,在交通基础设施建设中,建设连接城市与农村的快速公交系统、轨道交通等,方便城乡居民出行;在供水、供电、通信等领域,实现城乡管网并网、服务并网,提高资源配置效率。同时,促进城市公共服务资源向农村辐射,鼓励城市优质教育、医疗、文化等资源通过远程教育、远程医疗、文化下乡等方式向农村延伸,让农村居民共享城市公共服务成果。

整合共享设施资源:整合城乡现有基础设施和公共服务设施资源,打破城乡界限,实现资源共享。例如,在文化设施建设方面,城市图书馆、文化馆等文化机构与农村文化站建立合作关系,实现图书、文化设备等资源共享,开展联合文化活动;在体育设施建设方面,城市体育场馆在特定时间向农村居民开放,农村体育设施也可供城市居民休闲健身使用,提高体育设施的利用率。通过推动城乡基础设施与公共服务共建共享,减少重复建设,提高资源利用效率,促进城乡融合发展。

5.2.5 注重生态保护与可持续发展

1. 树立绿色发展理念,强化生态保护意识

加强生态环保教育宣传:通过多种渠道和形式,广泛开展生态环保教育宣传活动,提高城乡居民的生态保护意识。利用学校、社区、企业等平台,开展生态环保知识讲座、培训、主题活动等,将生态环保教育纳入国民教育体系和干部培训计划。运用电视、广播、报纸、网络等媒体,广泛宣传生态环保理念和政策法规,营造全社会关心、支持和参与生态保护的良好氛围。例如,制作生态环保公益广告、纪录片,在电视台、网络平台播放;开展"生态环保知识进万家"活动,组织志愿者深入社区、农村发放宣传资料,讲解生态环保知识。

推动绿色生活方式转变:倡导绿色消费、绿色出行、绿色居住等生活

方式,引导城乡居民在日常生活中践行生态环保理念。鼓励居民购买节能家电、新能源汽车等绿色产品,减少一次性用品使用,节约用水、用电、用气;推广公共交通、自行车出行,鼓励步行;加强绿色建筑标准推广,推动建筑节能改造,提高建筑能效。通过政府引导、市场推动、公众参与,逐步形成绿色生活方式的社会风尚。例如,在城市建设自行车道、步行道网络,优化公共交通线路,方便居民绿色出行;开展绿色社区创建活动,推动社区垃圾分类、绿化美化、节能减排等工作,提高居民生活环境质量。

2. 加强生态规划管控,构建生态安全格局

科学编制生态规划:结合本地自然地理条件、生态系统特征和经济社会发展需求,编制全域性的生态规划。明确生态功能分区,划定生态保护红线、永久基本农田、城镇开发边界等控制线,合理布局生态空间、农业空间和城镇空间。例如,根据生态敏感性和生态服务功能重要性,将区域划分为生态保护区、生态修复区、生态缓冲区、农业生产区、城镇建设区等不同功能区域,制定差异化的管控措施,确保生态系统的完整性和稳定性。

强化规划实施监管:建立健全生态规划实施监管机制,加强对建设项目的生态环境影响评价和审批管理。严格执行生态保护红线制度,严禁在生态保护红线范围内进行开发建设活动。加强对生态空间的动态监测和评估,及时发现和纠正违反生态规划的行为。例如,利用卫星遥感、地理信息系统等技术手段,对生态空间进行实时监测,建立生态破坏预警机制,对侵占生态空间、破坏生态环境的行为依法进行查处。

3. 推动生态产业发展,实现经济与生态双赢

培育发展生态农业:推广绿色农业生产技术,减少农药、化肥使用量,发展有机农业、生态种植、生态养殖等模式。加强农业面源污染防治,推进畜禽养殖废弃物资源化利用、农作物秸秆综合利用、农膜回收利用等。培育壮大生态农业企业,打造生态农产品品牌,提高农产品附加值,促进农业可持续发展。例如,建立生态农业示范园区,推广生态循环农业模式,如"猪—沼—果""稻—鸭—鱼"等,实现农业废弃物的资源化循环利用;开展农产品地理标志认证,打造地方特色生态农产品品牌,提升农产

品市场竞争力。

促进生态工业发展:加快传统工业转型升级,推动工业企业清洁生产,提高资源能源利用效率,减少污染物排放。培育发展节能环保、新能源、新材料等战略性新兴产业,构建绿色产业体系。加强工业园区生态化建设,完善园区污水处理、集中供热、固废处理等基础设施,推进园区循环化改造,实现产业发展与生态保护协调共进。例如,实施工业企业技术改造专项行动,支持企业采用先进的清洁生产工艺和设备,降低能耗和污染物排放;建设生态工业园区,引导企业形成产业链上下游共生关系,实现资源共享、废物循环利用。

4. 加强生态修复与治理,提升生态系统质量和服务功能

实施生态修复工程:针对水土流失、土地沙化、湿地退化、矿山生态破坏等生态问题,制订生态修复计划,实施山水林田湖草沙生态保护修复工程。通过植树造林、封山育林、湿地恢复、矿山复绿等措施,恢复生态系统功能,提高生态系统的稳定性和生态服务价值。例如,在水土流失严重地区,采取工程措施与生物措施相结合的方法,修建梯田、鱼鳞坑,种植水土保持林、经济林等,有效控制水土流失;在矿山废弃地开展植被恢复和土地复垦工程,改善矿山生态环境。

加强环境污染治理:加大对大气污染、水污染、土壤污染等环境污染问题的治理力度。加强工业污染源监管,推进工业废气、废水达标排放,加强机动车尾气排放控制,改善大气环境质量;加强城镇污水处理设施建设和提标改造,推进农村生活污水治理,加强饮用水水源地保护,确保水环境安全;开展土壤污染详查,加强土壤污染修复试点,防治土壤污染。例如,实施蓝天保卫战、碧水保卫战、净土保卫战等专项行动,综合运用法律、经济、技术等手段,加强环境执法监管,严厉打击环境违法行为,确保环境污染得到有效治理。

5. 完善生态制度体系,提供制度保障和政策支持

建立健全生态补偿机制:探索建立多元化的生态补偿机制,对生态保护地区和为生态保护作出贡献的主体给予合理补偿。完善森林生态效益

197

补偿、流域生态补偿、湿地生态补偿等制度，拓宽生态补偿资金渠道，提高生态补偿标准，调动各方生态保护积极性。例如，建立跨区域流域生态补偿机制，若上游地区为保护水源地生态环境作出贡献，下游受益地区则通过财政转移支付等方式向上游地区提供补偿资金，实现流域生态保护与经济发展的协调共赢。

完善生态环境保护政策法规：加强生态环境保护地方立法，制定完善的生态环境保护政策法规体系。加大环境执法力度，严格执行生态环境保护法律法规，严厉打击各类环境违法行为。建立健全生态环境损害赔偿制度，对造成生态环境损害的行为依法追究责任，实行生态环境损害赔偿。例如，制定严于国家标准的地方污染物排放标准，加强环境执法队伍建设，提高执法能力和水平，确保生态环境保护法律法规得到有效执行。同时，完善公众参与生态环境保护的制度渠道，鼓励公众监督举报环境违法行为，形成全社会共同参与生态环境保护的良好局面。